ELOGIO
LA CUMBRE FINAL

En toda generación o algo así, Dios produce a una persona que puede comunicarse como ninguna otra. Sus palabras son como agua fría para una civilización sedienta. Andy Andrews es uno de los mejores que he visto.

—Zig Ziglar,
Motivador #1 de Estados Unidos de América y autor de éxitos de librería

¿Es posible mezclar a C. S. Lewis, Alfred Hitchcock y Tony Robbins? *La cumbre final* es una combinación singular y poderosa de misterio, suspenso, principios y fuego emocional. ¡Vaya! Aliste su marcador para esta fiesta. ¡Usted querrá recordar cada palabra!

—Hal Sutton,
Campeón PGA

Este no es un autor ordinario. Andy Andrews es un adiestrador de vidas. Tiene su manera de tomar los asuntos más confusos de la vida y simplificarlos, permitiéndonos echar mano de principios y alcanzar nuestro pleno potencial. *La cumbre final* es su mejor trabajo a la fecha... ¡y eso es realmente decir algo!

—Dave Ramsey,
Animador de radio sindicado nacionalmente y autor del éxito de librería
La transformación total de su dinero

¿Se ha dado usted por vencido en algún aspecto de su vida? Si fuera posible, ¿cambiaría usted algo de eso de que «usted es así»? Si es así, *La cumbre final* es para usted. Lea este libro ahora.

—Patsy Clairmont,
Conferencista y autora de *Kaleidoscope*

A quienes no les gusta leer les van a ENCANTAR los libros de Andy Andrews. Piénselo por un minuto. Con certeza, no hay elogio mayor.

—Sandy Patty,
Artista de grabaciones galardonada con el premio Grammy

Este no es otro «autor de celebridad» o «tipo motivador». A la gente le encanta Andy Andrews porque sus palabras cambian sus vidas; y esas palabras han sido cuidadosamente excavadas de su propio corazón.

—Joe Bonsall,
The Oak Ridge Boys

De nuevo Andy Andrews nos atrae a la narración con su destreza para contar historias. Pero esto no es ficción ordinaria. Derivado de la historia, ciencia y religión, *La cumbre final* enmarca nuestro reto individual para marcar una diferencia. Si usted se siente cómodo con la complacencia o echando la culpa, se sentirá incómodo al leer este libro.

—Dan Miller,
Autor de *48 Days to the Work You Love*

La jornada por *La cumbre final* y *El regalo del viajero* me ha permitido acometer más de lo que jamás pensé que era capaz de hacer.

—Lenny Sisselman,
Comediante de LSA

Bajo la mano de un narrador maestro, la historia cobra vida, y nos habla a todos.

—Howie Klausner,
Escritor, *Space Cowboys*

La cumbre final es una pieza crucial de literatura para nuestros tiempos. Andy Andrews de nuevo entreteje un relato importante, divertido y profundo imbuido con un mensaje fundamental que a la vez presenta un reto e inspira. Si le gustó *El regalo del viajero*, ¡le encantará y apreciará este libro!

—Scott Carr,
Director de Desarrollo, Hollywood Gang Production

Un cautivante ascenso a una decisión crucial guiada por una colección de las mentes más inspiradoras de todos los tiempos, y un narrador cautivante.

—John Wilder,
Escritor y productor galardonado

Este es el libro que todo el mundo ha estado esperando que alguien escriba. Gracias, Andy Andrews.

Andy posee la rara capacidad de entretener e iluminar al mismo tiempo. *La cumbre final* es suficiente evidencia. Gracias a la risa, suspiros, escalofríos y lágrimas, usted perderá el rastro del tiempo, aprenderá en cuanto al mundo, y reflexionará sobre su propia vida. Regáleselo usted mismo; luego regáleselo a un amigo.

De nuevo, Andy Andrews entrega escalofríos, risa y lágrimas. *La cumbre final* es una obra maestra para nuestra generación.

Por seis años ya, las palabras de Andy Andrews han influido e impactado grandemente a todo escuadrón de Operaciones Especiales de la Fuerza Aérea en todo lugar que ocupan por todo el mundo. ¡Él es nuestro individuo «a quien acudir» al desarrollar nuevas generaciones de líderes!

Otros libros por Andy Andrews

La maleta
El descanso
El regalo del viajero
La oportunidad perdida

La CUMBRE FINAL

UNA BÚSQUEDA PARA ENCONTRAR EL ÚNICO
PRINCIPIO QUE SALVARÁ A LA HUMANIDAD

ANDY ANDREWS

GRUPO NELSON
Una división de Thomas Nelson Publishers
Desde 1798

NASHVILLE DALLAS MÉXICO DF. RÍO DE JANEIRO

En el capítulo 1 se menciona *Soul of the Lion: A Biography of General Joshua
L. Chamberlain* por Willard M. Wallace (Gettysburg, PA: Stan Clark Military
Books, 1996).

En el capítulo 4 se menciona *The Principle of the Path: How to Get from Where
You Are to Where You Want to Be* por Andy Stanley (Nashville: Thomas Nelson, 2009)

Editora General: *Graciela Lelli*
Traducción y adaptación del diseño al español:
Ediciones Noufront /www.produccioneditorial.com

ISBN: 978-1-60255-578-5

Impreso en Estados Unidos de América
12 13 14 15 16 BTY 9 8 7 6 5 4 3 2 1

A Kathy y Dick Rollins de Columbus, Mississippi. Siempre estoy agradecido por su influencia y ejemplo.

Soy solo un viajero que pasa por esta vida.

—DAVID (SALMO 39.12, PDT)

PRÓLOGO

Es asombroso, como un sonido puede distinguirse de otros, ¿verdad? Cuando el ruido y bullicio que nos rodea es intrusivo y abrumador, ¿cómo hacen nuestras mentes para separar el sonido de aquel timbrazo solitario? O, ¿cómo, en un patio infantil que retumba con la charla de los pequeños, nos arreglamos para distinguir rápidamente la voz singular de nuestro propio hijo?

Fue con esos curiosos pensamientos entrando y saliendo de su mente que Carl Santiago alzó la vista de su escritorio de seguridad. Después de todo, era casi tiempo de cerrar, lo que quería decir que docenas de trabajadores inundarían el vestíbulo, listos para marcharse por el día. Entre ellos, Carl sabía, estaba Gloria, que estaría saliendo al final de su turno. Con todo, él se maravillaba de su capacidad de distinguir el sonido distintivo de los altos tacones de ella retumbando por el piso de mármol del vestíbulo.

El escritorio de Carl, que en realidad era un gigantesco bloque de granito, estaba situado cerca de la entrada y había sido tallado y colocado de tal manera como para «fluir» al estanque de peces dorados. Por lo menos así es como recordaba que el arquitecto lo describió. Carl había sido el primer oficial de seguridad, contratado incluso antes de que se levantara la estructura. Fue parte de la seguridad del personal del capataz durante los años de construcción, y cuando la obra quedó terminada, entró resueltamente a la oficina del jefe y se declaró parte del lugar y «de por vida».

Había sido asombroso observar al edificio ascender en la silueta de Dallas mientras que los medios de comunicación se burlaban y se reían del dueño. *El viejo era un poco excéntrico*, admitió Carl para sus adentros. El hombre hacía cosas, y decía cosas, y vivía de una manera que no eran completamente ordinarias; eso era cierto. Pero Carl *quería* al dueño del edificio. Sí, el hombre ya frisaba sus setenta, pero su vida había producido lo que Carl llamaba «fruto en la mata».

Carl se acercaba a los treinta cuando todo empezó. Él y su esposa acababan de darle la bienvenida a un recién nacido a un mundo que parecía aterrarlos. Ni Carl ni su esposa habían recibido toda la educación tradicional. Emigraron ilegalmente de México después de meses de espera y papeleo, luchando con el idioma un poco pero trabajando duro, y ahorrando todo más allá de lo que necesitaban para sus necesidades básicas.

Carl conoció al dueño del edificio durante la primera fase de construcción. Era un hombre rico que ya antes había sido rico. Carl había leído de él en los periódicos. El hombre había acumulado toda una fortuna para cuando tenía cincuenta y cinco años, pero perdió hasta el último centavo de una manera muy pública cuando sus deudas lo vencieron.

De acuerdo a la prensa, este hombre tenía «un toque mágico». Los medios de comunicación parecían hacer una conexión entre el temperamento del hombre y su dinero. Con certeza, cuando Carl lo conoció, su personalidad *era* optimista. Era un hombre con los pies sobre la tierra y extremadamente amigable. En su primera reunión, el hombre tenía sus sesenta y tantos, y ya se había recuperado de las dificultades financieras; tiempo atrás; y todos lo sabían. Después de todo, había estado en las noticias nacionales. Este hombre, un individuo que había caído en la quiebra, había acumulado *otra* fortuna y pagado hasta el último acreedor; ¡sin que nadie lo obligara!

El hombre era fabulosamente rico, pero uno a lo mejor nunca lo sabría. De hecho, cuando Carl lo conoció, el hombre llevaba puestos pantalones de mezclilla azul y una camiseta algo anaranjada de los Cuernilargos de Texas. Había llegado a la propiedad después de horas hábiles en una camioneta Ford F-350 diesel, y Carl lo detuvo; tal como se lo habían enseñado. Carl *era* la seguridad para el sitio de trabajo, después de todo.

—Buenas noches, señor—, había dicho Carl—. ¿En qué puedo servirle?

El hombre abrió la puerta de la camioneta, puso su bota M. L, Leddy, maravillosamente hecha (pero atrozmente sucia) en el suelo, y contestó: —¡Señor para ti mismo! Si tienes un momento, quisiera que *tú* me muestres el sitio.

Carl de inmediato reconoció al hombre por la televisión y los periódicos. Era el dueño de todo el lugar. Con todo, Carl cortésmente le pidió al hombre alguna identificación, y cortésmente el hombre se la presentó, sonriendo y añadiendo un «gracias» por ese trabajo ligeramente incómodo bien hecho.

Había sido ese día cuando el hombre le hizo a Carl un comentario casual que pronto causaría toda una tempestad de controversia. «No voy a pedir prestado ni un solo dólar para construir este lugar», el hombre había dicho mientras pateaba una piedra con su bota. «Ni un solo triste dólar».

—Está bien—, dijo Carlos a su vez. No había sabido cómo debía responder. Carl nunca había conocido a un rico antes.

—¿Cuántos años tienes? —le preguntó el hombre a Carl. Cuando Carl se lo dijo, el hombre se dio a una larga perorata en cuanto a «pagar sobre la marcha» y a «no poner la carreta delante del caballo». El hombre le recordó a su abuelo en México. Carl había sonreído y asentido, sin saber cómo actuar de otra manera.

Cuando finalmente volvieron a la camioneta del hombre, le estrechó la mano y le dijo: —No es broma. No pidas dinero prestado. —Se rio y asintió con la cabeza, y el rico se alejó.

Pero Carl nunca pidió prestado nada de dinero. Al principio, fue fácil. Nadie jamás le hubiera prestado nada a él, de todas maneras. Carl se consideraba bendecido —con suerte, decían sus primos—, de haber entablado amistad con el rico. Carlos aprendió del hombre algunos principios; pagaba todo al contado, y su familia ahora vivía en una bonita casa que estaba totalmente pagada. Justo la semana pasada, Carl y su esposa habían celebrado otro aniversario con lo que a Carl le parecía *un montón* de dinero en el banco.

Con el paso de los años, el rico nunca olvidó el nombre de Carl. Tampoco había descuidado iniciar una conversación cuando la oportunidad se presentaba. Una vez el hombre incluso se había abierto paso a través de una masa de gente que incluía una hilera de reporteros para presentarle al presidente de Estados Unidos... a él. A Carl.

Carl y su esposa se habían reído cuando vieron los noticieros esa noche. «Señor Presidente», había dicho el hombre, «quiero presentarle a mi buen amigo Carl». Buen amigo. ¿Cómo les parece? El dueño del edificio en donde ahora trabajaba le había llamado «buen amigo» ¡ante el mundo entero!

Pero eso fue entonces, y hoy era ahora. Carl sacudió su cabeza para librarse de los recuerdos. La seguridad del edificio se había aumentado unos años atrás, después del 11 de septiembre de 2001. Así, el escritorio mismo ahora estaba junto al agua para proveer lo que resultaba ser una hermosa barrera a los seis elevadores de vidrio que colgaban en medio de palmas y cascadas que corrían alrededor del escritorio y al estanque. Esta increíble obstrucción le permitía a Carl y al resto del personal de seguridad canalizar, registrar, fotografiar, etiquetar y rastrear a toda persona que entraba en el edificio de oficinas y sus cincuenta y cinco pisos.

Decir que el vestíbulo era grande sería quedarse corto. Los primeros cinco pisos del edificio eran un atrio que cubría toda una manzana de la ciudad. Palmas de quince metros de altura y robles vivos se levantaban uno junto al otro, destacados por un arroyo que corría de un extremo del edificio al otro. Los espacios verdes y jardines de flores estaban adornados con cómodas mesas y sillas. De hecho, muchos de los ocupantes del edificio almorzaban allí. Parecía más un parque que un lugar de negocios.

Toda la belleza y grandiosidad de la entrada, aunque visible desde los ascensores e incluso desde fuera del edificio, estaban *detrás* de seguridad. De hecho, la única oficina que *no* estaba detrás de las barreras era la que supervisaba el gigantesco lote de estacionamiento del establecimiento. Y era desde esa misma oficina de la cual el sonido de los tacones de diez centímetros de alto empezó a retumbar mientras Gloria Jackson empezaba a cruzar el piso del vestíbulo.

Carl alzó la vista y sonrió. —Señora Jackson—, dijo para saludarla.

—Señor Santiago —respondió ella alegremente. Evidentemente se oprimió algún botón invisible y una sección del escritorio de granito se replegó con suavidad al piso, permitiendo que la atractiva mujer pase gallardamente por allí. Tan pronto como lo había hecho, la loza de granito volvió a su nivel anterior, deslizándose en su lugar con un satisfactorio *pum*. Gloria Jackson ya estaba detrás del escritorio de seguridad.

Alta y hermosamente proporcionada, su piel era color caramelo y al caminar ella se movía con la tonicidad muscular evidente en sus piernas y brazos. Gloria tenía casi sesenta años pero podía pasar, como a menudo lo hacía, por una mujer de cuarenta y tantos. Ella dirigía el transporte de la compañía en cualquiera manera o forma que pudiera necesitarse en cualquier momento en particular. El helicóptero a DFW, jet privado saliendo de Grapevine, o taxi a Bass Pro Shops, sea que se trate de un sedán con espacio extra o un carro blindado, reforzado con acero para el gobernador de Texas, Gloria se encargaba de ello.

Su jefe era el dueño del edificio. Él era un hombre reconocido en público, pero pocos lo conocían como ella. Gloria y su esposo, Martín, *entendían* al hombre que existía más allá de las impresiones que los medios de comunicación habían formado en años recientes. Él los había contratado para que trabajaran en su casa muchos años atrás, cuando su esposa todavía vivía. El hombre obviamente inventó trabajo para Gloria y su esposo en ese entonces, haciendo lo que fuera necesario a fin de poder poner algo de dinero en las manos de los jóvenes padres. Él sabía que no tenían ni medio centavo, pero con sus palabras y trabajo, el hombre los alentaba.

Cuando el hombre y su familia perdieron la casa, Gloria y su esposo continuaron ayudándoles, aunque él no tenía como pagarles. Todo el resto del personal se fue, por supuesto. El hombre le había dicho a Gloria que estaba en la quiebra, y le dijo que era su propia culpa. Todo eso estaba bien, se figuró ella. «Yo también he estado en bancarrota», sonrío ella y se lo dijo.

Pero eso fue entonces. Ahora el esposo de Gloria trabajaba en su departamento, transporte, y en ese mismo momento, estaba afuera en el coche, esperando que ella saliera.

—¿Ha bajado el jefe para algo hoy? —le preguntó Gloria a Carl, quien meneó su cabeza como respuesta. Los ojos de ella se dirigieron al pozo del ascensor. —Esto hace ya cuatro días, Carl. Él ha estado allá arriba por cuatro días. ¿Estará bien?

—Pues bien... hay tráfico de la Internet en su computadora, y los sensores detectan movimiento de cuando en cuando, así que, sí, pienso que él está bien *físicamente*, si eso es lo que quiere decir. —Intercambiaron miradas—. Pero él no ha estado subiendo y bajando como de costumbre.

—Pues bien, él tiene todo lo que necesita —dijo Gloria como recordándose a sí misma—. ¿Debería llamar a Jenny? No, no la llames —Gloria se preguntó y respondió a su propia pregunta—. Me voy a casa. Todos saben cómo localizarme si me necesitan. ¿Te vas a quedar, Carl?

—Me quedaré, pienso —respondió Carl. Hizo un gesto por sobre su hombro a los demás guardias—. Su turno está empezando. Mis hombres ya se han ido, pero simplemente pienso... no lo sé...

Carl tomó a Gloria por el brazo y la llevó a donde nadie podía oírlos. Hablando en voz baja, le dijo: —Mira, detestaría que algo se necesite allá arriba y entonces los que responden no sean «amigos», como sabes. —Carl miró por todos lados nerviosamente—. ¿Estará bien él, Gloria? ¿Mentalmente, quiero decir? ¿Estará bien? Sabes que lo quiero mucho. Detestaría preguntar eso, pero...

—¡Chitón! Carl... está bien. Lo sé, lo sé. —Gloria sonrió tristemente—. Simplemente quédate si puedes, y llámame si me necesitas. Buenas noches —dijo ella agitando levemente la mano.

—Buenas noches —replicó Carl con un suspiro mientras sus ojos se dirigían hacia arriba.

CAPÍTULO 1

Ausentemente, el hombre apoyó su antebrazo sobre el pasamanos de acero que, cuando se permitía pensar en eso, era lo único que le separaba de la vida y... pues bien, lo que viene luego. *Curioso que piense en eso de esa manera*, pensó. *Yo sé lo que viene luego*. Con su pulgar y dedo anular jugó con un grano de café que había recogido en la cocina. Triturándolo con su pulgar, se lo llevó a la nariz.

A su esposa le había encantado el aroma del café. Con los ojos cerrados, inhaló lentamente. El agradable aroma se deslizó por su imaginación cobrando tracción y lo llevó a la Isla Pedro en el Caribe. Recordó su luna de miel, la arena en la playa, y la fuerte fragancia del café Montaña Azul que se percibía por todas partes en ese lugar de veraneo.

Ellos habían vuelto a las Islas Vírgenes Británicas muchas veces con el correr de los años, y siempre se habían quedado en el mismo lugar: Peter Island Resort. Aun cuando ellos hubieran podido *comprar* el lugar, ella insistía en que se quedaran en una de las habitaciones menos costosas, como la que habían disfrutado tantos años atrás.

Años atrás. ¿Cuántos años atrás? David Ponder echó al aire los pedazos del grano de café en el cielo nocturno y volvió a entrar. Cincuenta y cinco pisos. Estaba a más de doscientos metros de altura en el aire enrarecido de una abrigada noche de Dallas. Avanzando hacia la puerta del frente, David se dispuso a entrar, pero se detuvo y más bien se sentó en una mecedora que había en el porche.

«Setenta y cuatro», dijo David en voz alta. «Tengo setenta y cuatro años. ¿Cómo...?» David plegó sus manos hacia arriba como usándolas para enfatizar algo. Pero no había nada que recalcar y nadie con quién hablar, en cualquier caso, así que volvió a dejar sus manos sobre sus rodillas y cerró los ojos.

David había tenido éxito moderadamente en su juventud, luchando al principio de su carrera, con su flamante esposa y un hijo. En cierto punto, como ejecutivo en sus cuarenta y tantos, justo cuando las cosas parecían marchar bien, fue despedido. El despido había sido hecho de manera cruel, y las cosas parecían ir de mal en peor. Pero entonces había habido un acontecimiento extraño, singular, en la vida de David que lo había cambiado todo. Fue lo que amigos íntimos y familiares mencionaban como «el accidente». Pero entonces no había sido accidente; había sido una dádiva. Y con su conocimiento de las Siete Decisiones para el Éxito, la suerte de David se había remontado a las alturas.

Sabía que este recorrido en el tiempo había sido real. No era un sueño ni alucinación como resultado del coma que resultó del accidente automovilístico. Las Siete Decisiones que él había compilado de las vidas de otros Viajeros lo había cambiado todo; no solo para David y Ellen, sino para cientos de miles de otros a quienes les había enseñado las decisiones.

Trabajando en bienes raíces y como urbanizador, David había logrado éxito gigantesco. Además del dinero generosamente compartido, gratuitamente enseñaba los principios que había utilizado para producir riqueza. David llegó a ser reconocido y a menudo se lo mencionaba como ejemplo de una experiencia de harapos a riquezas. Sin duda, estaba en plena racha; pero David cometió un error. Llámesele lo que quiera: debacle en el mercado de acciones, un desastre hipotecario, o mala economía, David hizo lo que su papá siempre le digo que *no* hiciera: gastó más dinero del que tenía. Los prestamistas exigieron el pago; y quedó en bancarrota a los cincuenta y cinco años.

El barco, los coches, dos casas, las joyas —las joyas de Ellen— todo había desaparecido. Al principio había quedado estupefacto. David se paró una noche en su patio y le gritó a Dios. Ah, él sabía que Dios estaba allí. Eso ya no era problema. Después de todo, había sido un Viajero. Él —David Ponder— había aceptado de las manos de la historia los mismos principios que había usado para producir una fortuna. Y, ¿ahora esto?

David gritó. Gritó y maldijo al aire.

Pero Dios no respondió.

Su hija, Jenny, había estado en casa, de vacaciones de la universidad cuando se declaró la bancarrota, y, por supuesto, estaba terriblemente avergonzada. No había nada que hacer. Todos sus empleados se habían ido, con la única excepción de la joven Gloria Jackson y su esposo, que rentaron un apartamento cerca de la vivienda que David y Ellen habían conseguido para sí mismos. Jenny consiguió un trabajo en Austin, continuó su educación, y la vida siguió su marcha.

David y Ellen trabajaron aquí y allá. Él como consultante o facilitador, ella como conserje del barrio —una «Viernes con faldas», como se llamaba a sí misma. Financieramente, era suficiente para sobrevivir. Algunas noches David sacaba el estuche de tabaco que había guardado cuidadosamente y revolvía su contenido como para convencerse una vez más que, sí, todo eso en realidad había sucedido.

Ellen no sabía *qué* pensar, en realidad, en esos días oscuros. Amaba a David, y aunque él nunca le había contado a nadie más sus conversaciones con las personas a quienes él se refería como «los Viajeros», se lo había contado a ella. Ella quería desesperadamente creer la descabellada narración que él insistía en repetir noche tras noche. En verdad, ella no tenía ni la menor idea de en qué otra parte del mundo podía él haber hallado un antiguo estuche de tabaco con siete cartas atiborradas dentro. O como él posiblemente pudiera haberlo reunido todo ese día. Ella había verificado —habían pasado solo veinte minutos desde el momento en que él fue despedido de la Ferretería Marshall y el accidente.

Por supuesto, lo más estrambótico de todo: las Siete Decisiones habían resultado. Esa parte no era ningún secreto. Mientras David sanaba del accidente, se había vuelto una persona diferente, y con el tiempo empezó a ganar mucho dinero. Todo parecía un cuento de hadas hecho realidad... hasta la ruina financiera.

Pero incluso la bancarrota tuvo su lado positivo. Él y Ellen y se habían conectado de nuevo de una manera que no habían sentido desde la universidad. Estaban más cerca —mejores amigos de lo que nunca habían sido— y las «cosas» no parecían importar tanto como antes. El aluvión de los medios de comunicación durante la manera muy pública en que fracasó su empresa había sido duro, pero sirvió para revelar a unos cuantos verdaderos amigos, y por eso estaban agradecidos.

«La adversidad es preparación para la grandeza» David le había dicho de repente a Ellen una noche en su apartamento. «Harry Truman me dijo eso». Notando la expresión de sorpresa en ella, añadió: —Tú puedes quedarte sentada allí con tu mirada de «Mi esposo ha perdido un tornillo» si quieres, ¡pero yo voy a tomar en serio la palabra de este hombre!

—Cálmate, David —había respondido Ellen tranquilamente—. No pienso que estés más loco de lo que por lo general eres, pero, ¿de *qué* estás hablando?

David explicó con entusiasmo. —Una de las cosas que el presidente Truman me dijo cuando yo.... —Hizo una pausa, por un instante mientras editaba mentalmente—. Ah, ¿sabes lo que pasó? Pues bien, en todo caso... —David movió sus manos rápidamente como para borrar sus palabras, luego continuó, con sus pensamientos aflorando todos a la vez.

—Truman dijo... —David se detuvo de nuevo—. Yo no le llamé así, por supuesto. Yo no le dije «Truman». Le dije «Señor presidente»... ay, lo que sea. —David movió sus manos de nuevo.

»"La adversidad es preparación para la grandeza", es lo que el hombre dijo. También me habló en cuanto a responsabilidad, y esto es lo que sé en cuanto a nuestra situación actual: yo fui el motivo de nuestra adversidad con toda una variedad de malas decisiones. Ahora he aprendido de esas malas decisiones. Las Siete Decisiones para el Éxito que usé antes son eternas. ¡Fue *mi* falta de sabiduría lo que motivó el desastre, Ellen!

»Así que lo que estoy diciendo es esto. Ya se acabó la parte de «adversidad» de esta experiencia. Ahora mismo, esta noche, pongo punto final a esto. Es tiempo de correr de nuevo. No nos falta dinero. No nos falta tiempo. No nos faltan ni energía ni liderazgo. *Solamente nos falta una idea*».

No tuvo que haber sido elocuente, pero Ellen entendió lo que su esposo quería decir, y se entusiasmó al ver una chispa de nuevo en los ojos de su esposo. A los pocos meses, la idea que David buscaba se le había ocurrido. Resultó ser una pieza sencilla de software combinando teoría de gráficos y una programación orientada al aspecto que permitía a cualquier empresa una manera de integrar estrategias de contabilidad, procedimientos de facturación y planificación de impuestos con otros negocios o empresas; de estado a estado o de país a país.

«Fue sencillo», le dijo David al *Dallas Morning News*. «Aprendí el concepto en mi clase de álgebra en la secundaria. Es una idea que cualquiera pudiera haber tenido. Francamente, en realidad no soy muy ingenioso».

Pero ingenioso o no, la idea había valido montones de dinero.

Ese concepto singular, combinado con la comprensión y aplicación de David de las Siete Decisiones, alisó el camino a la formación de todo un nuevo imperio. Debido a que este negocio no estaba atado a una «cosa» particular como una casa o un artículo al por menor, fue una manera enteramente nueva de añadir valor a las vidas de las personas, sea que fueran dueños de una larga empresa o pequeña. El software ahorraba tiempo, dinero, papel, y frustración; y debido a ello, Ponder International se elevó como fénix al firmamento. El cómo sucedió es pura leyenda de Texas.

Después de negociaciones públicas y cambio de zonificación que fueron noticia, David compró la propiedad y anunció planes para un fabuloso rascacielos. Cinco minutos después de develar el dibujo del artista a los padres de la ciudad, en cámara David declaró a una asamblea incrédula que el rascacielos se construiría sin ningún préstamo. «Pagaremos conforme avanzamos», fueron sus palabras exactas. De inmediato, sin someterlo a votación, todos decidieron que David Ponder estaba loco. Había pasado de héroe a bufón en una sola conferencia de prensa.

Al principio, cuando se dieron cuenta de que hablaba en serio, ninguna compañía de construcción quiso aceptar el contrato. Pero él dejó a los postulantes que esperaran hasta que tuvieran hambre, les mostró el dinero en el momento preciso, y la torre de granito blanco empezó a levantarse. Una vez detuvo la construcción cuando las reservas de efectivo escaseaban —eso sí llegó a las noticias— pero él había prometido nunca más pedir dinero prestado; y nunca lo pidió.

Cuando la torre quedó terminada, lo primero que David hizo fue quitarle el nombre de Ponder. «Esto no es cuestión de mí», había dicho al cortar la cinta. «Esto no es cuestión de ser el más grande, o el primero, o el más bonito. Esto ha sido, y todavía lo es, asunto de empleos para nuestra área y trabajar juntos como comunidad.

«Quiero demostrarme a mí mismo, y a otros en este país, que una gran empresa se puede administrar y que se pueden gerenciar proyectos importantes sin deuda o trágicos desacuerdos entre trabajadores y la administración».

Así que David Ponder había ganado después de todo. Sin pedir ningún préstamo había levantado un edificio de cincuenta y cinco pisos, un piso por cada año de lo que llamaba su *primera* vida financiera. Por supuesto, en ese punto, el rascacielos era solo una parte de la fortuna Ponder; lo que hizo del próximo movimiento financiero de David incluso más insólito. Lo regaló todo.

Con ayuda experta legal, David y Ellen Ponder fundaron fundaciones y fideicomisos de beneficencia por todo el mundo. Contrató a su hija, Jenny, y a su esposo para supervisar todo el asunto.

David y Ellen se jubilaron. Excepto por viajes ocasionales al Caribe y compromisos de conferencias que David continuó haciendo —la mayoría de ellos gratis— la pareja prefería quedarse cerca de casa. «Casa» era todo el piso superior del rascacielos, una fabulosa vivienda en el piso más alto que David había hecho para su esposa. Con el ojo de Ellen para el diseño interior y una colección de muebles y arte que habían acumulado durante sus años de viaje, fue lo que siempre habían soñado: un lugar de belleza y privacidad para su familia y amigos al envejecer.

La vivienda, establecida por encima de la ciudad como lo estaba, se había vuelto una fuente de curiosidad para los medios de comunicación. Aparte de fotografías de la piscina y un jardín que David había hecho construir para Ellen, tomadas desde un helicóptero, nadie nunca había filmado o fotografiado el interior mismo de la vivienda.

David abrió sus ojos y respiró ruidosamente mientras se mecía, mirando al porche y la piscina. Contempló más allá del pasamanos y vio el Edificio Magnolia con su característico caballo rojo volante encima. A la derecha relucían las luces de argón verde del rascacielos del Banco Nacional. Cuando niña, Jenny la había llamado el Alegre Gigante Verde. «Ja, ja, ja,», rezongó

David, tratando desesperadamente de no sonar tan desdichado como se sentía.

Ellen había muerto ocho meses antes. Cuarenta y nueve años de vida juntos y ella desapareció sin siquiera despedirse. David abrió ampliamente los ojos, tratando de contener las lágrimas en su lugar.

Frunció el ceño. Ellen ni siquiera había estado enferma. Ni siquiera con un resfriado. Pasó la noche en Austin con Jenny y los nietos, y murió mientras dormía. Se fue a la cama, pero no se despertó. Pues bien, David había tratado de hacer lo mismo por meses ya, pero no resultaba. Ni siquiera podía morirse.

Sintiéndose más viejo de lo que usualmente se sentía, David se obligó a sí mismo a enderezarse y se puso de pie. Ya de pie, echó otro vistazo al Alegre Gigante Verde y entró. Pensó por un momento prepararse una taza de café pero decidió no hacerlo y se fue a su oficina. Sin pensarlo, se sentó en la silla a su escritorio y estiró la mano a la puerta de la caja de seguridad en el mueble detrás. No estaba con llave. Nunca le echaba llave. Ni siquiera sabía por qué les permitió que pusieran una caja de seguridad allí, para empezar. Ni siquiera sabía la combinación.

Habiéndolo hecho mil veces, David alargó la mano a la parte posterior de la caja de seguridad; *allí... del lado derecho*, y sacó un estuche de tabaco suave, azul. Cuidadosamente lo puso sobre sus rodillas. Tranquilizándose entonces, con la tensión huyendo de sus brazos y piernas, David se reclinó en su silla; y con los dedos tiernamente acarició el objeto que era tan precioso para él, cerró sus ojos con propósito por segunda vez esa noche y permitió que los recuerdos, como siempre lo hacían, lo bañaran.

El estuche de tabaco era azul marino y estaba hecho de tela resistente, pero el tratamiento rudo que había recibido había desgastado el estuche a suavidad de gamuza. Estaba estropeado y raído pero todavía elegante, real en un sentido, posesión de un oficial. Los dos botones que cerraban la lengüeta eran de metal, grabados con la imagen de un águila. Y allí, justo por encima de los botones, bordadas en la lengüeta, había espadas cruzadas: símbolo de un luchador.

David recordó el momento en que el coronel Chamberlain se lo había regalado. Había sido justo antes del ataque en Gettysburg: 2 de julio de 1863. Lo sabía porque él había estado allí. David había hablado con Chamberlain, mirado sus ojos, y sentido la mano sucia del coronel en la suya.

Más tarde había leído todo en cuanto a Josué Chamberlain. En la secuela del accidente y su recuperación, David tuvo horas y semanas, y meses, de no hacer nada, excepto leer, y pensar, y recordar, y planear. David se había hallado curioso de manera especial en cuanto al joven coronel. Con los demás Viajeros, entre sorprendido y entusiasmado, tenía por lo menos una familiaridad cultural.

Pero, ¿Chamberlain? ¡David jamás había oído del hombre! Y luego descubrió su conexión extraordinaria con el tiempo en que David vivía —y la casi inconcebible divergencia de sucesos mundiales que su acto singular ese día en Pennsylvania había producido— pues bien, era simplemente más de lo que David a veces podía captar con su cabeza.

Sin abrir los ojos, David tanteó y alargó su mano izquierda. Allí, en el escritorio donde siempre estaba, se hallaba un libro: *Soul of the Lion* [El alma del León]. Era una biografía de Chamberlain y tenía en la cubierta un retrato de él cuando viejo. David lo deslizó por sobre el escritorio y lo puso junto a su pierna.

Había leído el libro muchas veces. Por años David lo había llevado consigo, y prácticamente lo sabía de memoria. Chamberlain había sido un maestro de escuela de treinta y cuatro años durante la pelea, pero cuando llegó a casa, el pueblo de Maine lo eligió gobernador en lo que todavía es el más alto de porcentaje en una votación en la historia de ese estado. Chamberlain sirvió cuatro términos, dejando el cargo a fin de usar su tiempo y dinero para escribir y enseñar.

Leyendo que Chamberlain originalmente estudió para ser misionero, David pensó muchas veces: *Pues bien, si la mano de Dios estuvo sobre alguien, con toda certeza fue sobre Josué Lorenzo Chamberlain.* El joven coronel le había mostrado personalmente la hebilla del cinturón torcida y abollada —destruida por una bala confederada— que le había salvado la vida ese día.

Años más tarde, en un museo de Maine, David había leído la carta —escrita al entonces gobernador Chamberlain por un francotirador rebelde— que había contado su experiencia particular en la batalla. El francotirador había enristrado la mira sobre Chamberlain, sabiendo quién era por su uniforme y porte, y le había tenido en la mira dos veces separadas, pero no había podido oprimir el gatillo. Incluso mucho después del suceso, el soldado confederado había expresado asombro por no haber podido disparar, aduciendo que «algo extraño» lo había detenido.

«La mano de Dios», fue como David lo explicó. Estaba seguro de que Josué Chamberlain se sintió de igual manera.

Al investigar en muchos libros, hablar con historiadores, confirmar documentos sobre documentos de informes militares todavía disponibles de la Guerra Civil, David había confirmado el hecho de que seis caballos diferentes habían recibido disparos mientras Chamberlain los montaba, y con todo al oficial no lo habían matado.

La mano de Dios.

David suspiró y abrió los ojos. Había esperado quedarse dormido. Era más fácil quedarse dormido en la silla y simplemente despertarse por la mañana. Le entristecía ir al dormitorio. El cepillarse los dientes, leer solo, apagar la luz solo; era casi más de lo que podía aguantar.

Devolvió el libro al escritorio donde pertenecía y colocó el estuche de tabaco sobre el tapete de cuero que había sobre el escritorio. Acariciándolo con los dedos, se enderezó en la silla. Casi de inmediato volvió a inclinarse hacia adelante. Vagamente consciente de que había realizado este rito miles de veces, David cuidadosamente abrió el lado derecho del estuche, y luego el izquierdo. Vaciado su contenido, empezó a arreglarlo en orden sobre el escritorio.

Primero había una hoja pequeña, cuidadosamente plegada, del presidente Harry Truman. Titulado *The Buck Stops Here* [La responsabilidad es mía], un comentario escrito en puño y letra del trigésimo tercer presidente de Estados Unidos de América en cuanto al poder de la responsabilidad, y que David colocó a su izquierda.

Luego había un diminuto rollo, que había sido envuelto apretadamente, a pesar de la ausencia de su varita original de madera. Como había hecho con el primer artículo, David lo dejó como lo había sacado del estuche. No necesitaba verlo de nuevo. Las palabras, con la colocación de cada rasgo en tinta denotando toda letra individual, habían quedado grabadas en su memoria. *Buscaré sabiduría.* David había leído el rollo cientos de veces, tal vez miles de veces, y sabía de memoria toda palabra que el rey Salomón había escrito.

Tercero era una decisión de Chamberlain. Un papel garabateado al apuro, escrito bajo pésima luz, el joven coronel lo había plegado y llevado por dos meses antes de saber qué hacer con él; mucho antes de que David hubiera aparecido durante el fragor de la batalla. *Soy una persona de acción.*

Luego el pergamino de Colón, quebradizo pero todavía en forma razonable. *Tengo un corazón decidido.* David siempre había sonreído al pensar en Colón. El explorador casi le había parecido loco, pero la capacidad del hombre de concentrarse en su objetivo y descartar las críticas innecesarias había sido una gran parte del cambio de la vida financiera de David. Desde ese punto en adelante, siempre que conocía a un joven que en verdad no encajaba —cuyos sueños irritaban a la sociedad razonable— David había rememorado otra vez su noche en el puesto del Vigía con un visionario.

Número cinco. David respiró profundamente y entonó en voz alta «Tra, lará, lará, lará, lará, lará». Años atrás había formado el hábito de entonar una melodía desafinada cuando sacaba las páginas de Ana Frank. Había cuatro de ellas, dobladas por la mitad, y eran muy pequeñas. Los pedazos de papel habían sido arrancados del diario de ella, y por mucho tiempo David lloraba cada vez que los sacaba. Su canto era una distracción sin éxito a la abrumadora emoción que sentía por la muchachita y la ironía de las palabras que ella le había escrito: *Hoy voy a escoger ser feliz*.

Una vez, viajando por Europa, David y Ellen habían ido al museo de Ámsterdam dedicado a Ana, la niña de doce años que, con sus padres y amigos, se escondió de los nazis en un anexo de un edificio multifamiliar. Allí había llevado un diario que más tarde se publicó, aturdiendo al mundo.

Ese día, mientras visitaba el diminuto cuarto secreto, David le habló en voz baja a Ellen, señalando las cosas que *él* recordaba, cosas que él había visto cuando había estado allí, con Ana Frank, la noche del jueves, 28 de octubre de 1943. Por supuesto, ella no se lo creyó. ¿Por qué peregrina razón podría alguien en sus cabales creerle? David sonrió por el recuerdo y se limpió las lágrimas que le corrían por las mejillas. «Tra, lará, lará, lará, lará, lará, lará».

Así que había esperado hasta que se acabara la gira y había hablado con el curador del museo. En voz baja le preguntó al hombre si podría sacar el diario de Ana de la vitrina de cristal en el centro del salón. No había nadie más allí. Era hora de cerrar. David ni siquiera quería tocarlo, había dicho. Simplemente quería verlo. El curador podía estar con ellos, y nunca retirar sus manos del libro David había explicado.

Por supuesto, el hombre se había negado. Cuando David no se dio por vencido y empezó a suplicar apenas por un momento con el diario, el curador en realidad amenazó con llamar a la policía. Ellen no había entendido y estaba terriblemente molesta, pero cuando David sacó su billetera y empezó a extraer billetes de $100 estadounidenses, ella se quedó callada. Ellen nunca lo había visto comportarse así.

David se detuvo cuando había contado dos mil dólares. El hombre miró brevemente a la puerta, y luego a David. Amontonando rápidamente el dinero, nerviosamente lo metió en su bolsillo. Con paso ligero el curador se dirigió a la vitrina de cristal, y con una llave que sacó de su bolsillo le quitó el cerrojo a la tapa. Alargando la mano, delicadamente sacó el libro empastado en percalina, color rojo anaranjado.

Mirando hacia la puerta, dijo: —Apúrese por favor. ¿Qué es lo que quiere ver?

—Simplemente voltee las páginas, ¿por favor? —contestó David—. Una a la vez.

Mientras el hombre lo hacía, Ellen contenía el aliento mientras David sacaba algo de un estuche plástico que tenía en el bolsillo trasero. A los pocos momentos David ordenó: —Deténgase. Deténgase allí.

El hombre no se movió mientras David lentamente colocaba cuatro papeles pequeños, con líneas, uno por uno, sobre el diario. Las rasgaduras de los bordes, la tinta, y las letras manuscritas encajaban perfectamente. —Gracias —le dijo David en voz baja al curador mientras retiraba del diminuto libro los cuatro fragmentos que constituyen la Quinta

Decisión. Con amabilidad, condujo a su estupefacta esposa a salir del salón.

«Tra, lará, lará, lará, lará, lará», entonó David desafinadamente mientras palpaba los diminutos papeles y los colocaba sobre el escritorio, justo a la derecha del pergamino.

Secándose los ojos con el pañuelo, David respiró fuerte para recuperar el control. «¡Tra, lará, lará, lará, lará, lará!» dijo con fuerza. «Hoy escogeré ser feliz». En sus discursos en cuanto a las Siete Decisiones para el Éxito, a menudo contaba cuán innatural le pareció este principio al principio.

Desde el principio «escoger *actuar* feliz» mucho antes de sentirse algo cerca a la marca fue duro para David. Pero él sabía —había visto la evidencia demostrada más allá de toda duda muchas veces— que *Hoy escogeré ser feliz* era la herramienta singular más poderosa de liderazgo que existía. Y, extrañamente, era la clave a la fortuna financiera que muchos buscaban.

Ana Frank era importante para David por otra razón. Al investigar su vida y muerte, y el asesinato de millones como ella, David llegó a creer que a las personas no se les podía hacer acuerdo lo suficiente en cuanto a ese momento en el tiempo. En sus discursos y entrevistas, David repetía vez tras vez que Estados Unidos de América y Europa en especial nunca debían olvidar las atrocidades que habían permitido.

David había estudiado la historia, y conocía los hechos. Menos del diez por ciento de la población alemana había *intervenido activamente* en el ascenso de los nazis al poder. Menos del diez por ciento de la población de una nación moderna, industrial, habían en realidad hecho campaña para darle autoridad a un hombre que, solo meses antes de que lo eligieran, había sido teniente en el ejército.

David estudió declaraciones y discursos públicos. Devoró documentos del gobierno, archivos de elecciones, y de sesiones legislativas. La evidencia era abrumadora y está disponible para cualquiera que puede oprimir una tecla de computadora: Adolfo Hitler había subido al poder en un tiempo de incertidumbre económica en una nación de personas desesperadas por identidad y anhelando mejores tiempos.

Este hombre del pueblo común —como Hitler se había llamado a sí mismo— se levantó, los miró a los ojos, y mintió. Prometió más, y mejor, y nuevo, y diferente. Prometió cambio rápido y acción veloz. David estudió las palabras registradas de todo discurso público que el fürher pronunció. Compiló y volvió a calcular las cifras, y las listas de voluntarios, y archivos de votación. Todo estaba disponible. Después de todo, el Tercer Reich llevó registros excelentes.

David vio con sus propios ojos, desde su posición ventajosa de su propia generación, que menos del diez por ciento de los pobladores de una nación habían trabajado para producir el «cambio» de Hitler. Lo que David no pudo entender es cómo el noventa por ciento restante —médicos, maestros, religiosos y agricultores, hicieron... ¿qué? ¿Quedarse parados? ¿Contemplar? Eso lo dejó aturdido y aterrorizado.

David sabía que muchas de esas personas habían volteado la cabeza y, al no levantar su voz, permitieron que el Holocausto tuviera lugar. Madres y padres cerraron sus ojos, y se taparon los oídos, y aceptaron sus salarios, evadiendo la verdad que se cernía sobre ellos como una serpiente esperando atacar; y cuando los nazis vinieron por *sus* hijos, era demasiado tarde.

Limpiándose los ojos con ambas manos, David respiró ruidosamente y tosió, aclarándose la garganta. La decisión de Lincoln: *Saludaré cada día con espíritu perdonador*, no estaba escrita en papel membretado. Examinándolo mientras sacaba el papel del estuche del tabaco, David sabía que el decimosexto presidente había escrito con su puño y letra las poderosas palabras mientras estaba en un tren a Gettysburg.

Sonrió, recordando la confusión de Lincoln ese día cuando David le había preguntado si había escrito el discurso de Gettysburg en el tren. Después de todo, ese había sido el rumor por más de un siglo. «No», había respondido el presidente. «Mi discurso para la ocasión de hoy lo escribí en Washington. En el tren», dijo, entregándole a David la Sexta Decisión «escribí esto para ti».

David colocó el papel junto a las páginas de Ana Frank y sintió que un escalofrío le recorría la espalda mientras hurgaba con sus dedos dentro del estuche buscando el último artículo. Nunca se había acostumbrado a manejar la Séptima Decisión. Era un rollo pequeño hecho de... pues bien, exactamente qué, David nunca lo había podido determinar.

Habiéndoselo presentado el arcángel Gabriel, el rollo y las propiedades físicas que exhibía eran en verdad extraños. Desde el primer momento que lo había tocado, David percibió una ligera descarga eléctrica que nunca había desaparecido o siquiera disminuido. También todavía evidente, David vio al tomar el rollo en sus manos, la luminiscencia original, un extraño resplandor que había notado el momento en que Gabriel lo puso en sus manos. *Persistiré sin excepción;* —la decisión final que ligaba a las otras seis en una fuerza que cambia la vida—, había sido compuesta, David finalmente decidió, en papel celestial.

Cuidadosamente depositando el precioso rollo al extremo derecho de los demás, David se recostó sobre su silla y lanzó un profundo suspiro. En ese momento echó de menos a Ellen más que nunca. Su relación personal había cambiado dramáticamente desde aquel día en el museo de Ana Frank. David siempre había sabido que su esposa *quería* creer que su insólito viaje por el tiempo en realidad había tenido lugar, pero sin ninguna prueba real, él sabía que toda la aventura era simplemente demasiado fantástica como para creer.

Después del aturdimiento inicial al ver la evidencia con sus propios ojos, Ellen dejó Ámsterdam con un respeto recién hallado por su esposo. Desde ese momento en adelante, ellos habían llegado a ser un equipo en todo sentido de la palabra. Virtualmente inseparables, David y Ellen nunca tomaron una decisión importante, sea de negocios o de otra naturaleza, sin el conocimiento y aprobación del otro. Su amor del uno para el otro, aunque siempre evidente, se volvió ilimitado.

Y ahora ella se había ido. La vida de David, habiendo estado tan inexorablemente ligada a su alma gemela, se había acabado. De este hecho David estaba seguro. Mientras mentalmente reconocía que Ellen hubiera querido que él «persista sin excepción», su corazón se había destrozado en un millón de pedazos, y él no podía hallar el camino para empezar de nuevo.

Dieciocho meses antes, animado por Ellen, David había empezado a escribir, pero el manuscrito por el que ella se había entusiasmado tanto, estaba en una silla en un rincón de la oficina, sin que nadie lo tocara desde que ella falleció.

Un gemido se escapó de la boca de David mientras las lágrimas empezaban a correr libremente. En los meses desde la muerte súbita de su esposa, David había descartado pensamientos fugaces del suicidio, sabiendo que ese acto desesperado no ayudaría a nadie, deshonraría el recuerdo de Ellen, y con toda probabilidad dañaría el legado financiero que había establecido para organizaciones de beneficencia. Por otro lado, no entendía por qué había sido dejado solo.

Abrumado por el dolor y aflicción, David recogió el estuche y las Siete Decisiones y los amontonó. Poniendo sus brazos alrededor de los artículos y su cabeza sobre los brazos, lloró con gemidos profundos, agonizantes.

Después de un tiempo, con su cabeza todavía sobre el escritorio y agotadas las lágrimas, dijo en voz alta: —No sé qué hacer.

—Y no estás solo en ese sentimiento —replicó una voz—. Tal vez por eso estoy aquí.

Asustado, David levantó la cabeza de un tirón y se quedó boquiabierto mirando una cara que no había visto en veintiocho años: El arcángel Gabriel.

CAPÍTULO 2

—Hola, David Ponder —dijo Gabriel—. Has envejecido. David casi se había caído de su silla cuando alzó la vista y vio al arcángel, pero se recuperó rápidamente —Hola, Gabriel —respondió—. Veo que no has adquirido ningún tacto desde que nos vimos por última vez.

Gabriel inclinó la cabeza. —El tacto es una característica humana —empezó—, necesaria solo para los que vacilan para decir la verdad.

Aunque sus piernas le temblaban por la vista de su visitante inesperado, David se las arregló para ponerse de pie. Vagamente consciente de que no tenía ni idea en cuanto a la etiqueta o algún protocolo específico necesario para saludar a un visitante celestial, David no intentó estrecharle la mano o siquiera tocar al arcángel. Eso sí, sin embargo, lo miró asombrado.

En contraste con sus propios cambios que Gabriel había mencionado, David vio que la apariencia física del arcángel era exactamente como lo recordaba. Tenía casi dos metros de estatura y era muscular, con ojos azul claro y cabello relativamente corto, rubio rizado que le llegaba hasta las orejas y cejas.

El ropaje del arcángel tenía una desconcertante manera de parecer común y ser del otro mundo al mismo tiempo. Su corte era tradicional —eran capas de tela— pero su matiz dejaba boquiabierto. David le había descrito a Ellen una vez el vestido de Gabriel diciendo: —El color es más blanco que blanco. Es casi un matiz de *luz*. En verdad, la tela irradiaba una luminiscencia que era virtualmente indescriptible.

Luego, por supuesto, estaban las alas. Aunque gigantescas cuando extendidas, en reposo los apéndices sobrenaturales de Gabriel se plegaban nítidamente a su espalda, a veces completamente ocultas por los pliegues flotantes de su vestido. Eran de blanco brillante —del mismo matiz que la vestidura— pero espolvoreadas con oro profundo en las puntas de cada pluma. David no pudo evitar el fijar la vista esperando captar una vista mejor, porque era cuando Gabriel se movía que se podían ver más fácilmente las alas. Flexibles y ondulantes, parecían tener vida propia.

—Me alegro de verte de nuevo, Gabriel —dijo David—; o tal vez simplemente siento alivio.

Gabriel miró con fijeza al viejo. —¿Por qué sientes alivio al verme, David Ponder?

Saliendo de detrás del escritorio, David trató de explicar. —Pues bien... doy por sentado que el hecho de que estés aquí significa que mi vida se acabó. ¿Podré ver pronto a Ellen?

Gabriel cruzó sus brazos. Con apenas un esbozo de sonrisa, dijo: —Tú hiciste las mismas presuposiciones erróneas la primera vez que nos encontramos.

—¿Qué quieres decir? —preguntó David, aturdido.

—Das por sentado que mi llegada coincide con tu fallecimiento. Pero, de nuevo, debo declarar que distas mucho de estar muerto, David Ponder.

—Ah —suspiró David, sin saber si sentir alivio o desencanto—. Pero yo pensé....

—Y antes de que lo preguntes —interrumpió el arcángel—, la respuesta es no. Tampoco estás soñando.

—Entonces, ¿por qué estás aquí? —preguntó David con sencillez.

—Estoy aquí para presentarme como tu guía y facilitador para la conferencia cumbre venidera.

David sacudió su cabeza rápidamente como para aclarar de su cerebro las telarañas. —Conferencia cumbre... ¿qué? Gabriel, ¿se supone que debo saber de qué estás hablando?

Permitiendo que un poco de impaciencia se dejara ver, el arcángel plegó sus alas ligeramente y respondió: —Nos queda poco tiempo, David Ponder. Obviamente, la falta de inteligencia cognoscitiva entre nosotros no me permitirá simplemente recogerte y partir. Por consiguiente, estoy a tu disposición por varios minutos antes de que salgamos. Siéntete en libertad de hacer tus preguntas.

David rezongó: —¿Sentirme en libertad, eh? No estoy seguro de que alguien alguna vez se sienta tranquilo en tu presencia. Tú y el otro arcángel.

—Miguel.

—Sí, Miguel —dijo David—. En la Biblia, siempre que uno de ustedes aparece, siempre están diciéndole a la gente: «¡No temas!», o «¡No tengas miedo!» Así que... —explicó con una media sonrisa—, no me digas que me tranquilice. Pienso que tú ya sabes cuan nerviosos se ponen los seres humanos cuando ustedes se aparecen.

En ese momento David casi se rió ruidosamente. Estaba acostumbrado a decir lo que pensaba y que los demás lo aceptaran con buen humor simplemente porque él era más anciano. Pero la mirada en la cara de Gabriel no tenía precio. David se preguntó si algún ser humano alguna vez le había hablado de esa manera.

Además, David estaba seguro que estaba entre los pocos de la tierra que en realidad había visto dos veces al arcángel. La primera vez que se encontraron había sido en «el lugar que nunca fue» —un depósito de sueños perdidos y oraciones no terminadas. Entonces David había quedado tan abrumado por todo que estaba experimentando, que prestó poca atención a la forma en que Gabriel actuó con él. En realidad, no estaba seguro de que el tema de la personalidad del arcángel era pertinente en *algún* evento, pero sentía curiosidad respecto a él.

Cuando Gabriel hablaba, hablaba con mucha serenidad, y sus ojos parecían recoger todo detalle. Había un ápice de superioridad en su presencia que David no halló objetable. De hecho, el comentario de Gabriel en cuanto al tacto y sinceridad decía mucho.

¿Cómo sería, se preguntó David, vivir «en verdad» todos los días, hablar, y oír, y pensar solo la verdad en todo momento? *Nunca sucederá en este planeta*, pensó David; *eso es seguro. Tal vez por eso Gabriel parece impaciente.* Sería difícil, decidió finalmente, filtrar toda palabra o matiz, dándole la vuelta mentalmente, en guardia para evitar incluso el menor engaño.

—Así que —empezó David—, dices que hay una conferencia cumbre que se avecina. ¿Por qué no empiezas por allí?

—Déjame empezar con el *por qué* se ha permitido esta cumbre —dijo Gabriel fríamente.

David captó algo del tono del arcángel (una advertencia, tal vez) y frunció su frente. —Está bien —dijo suavemente.

Con un serio asentimiento, Gabriel empezó. —Te hallas en un momento decisivo —dijo—. Tú —la raza humana— están balanceándose sobre un precipicio, y eso no le agrada a Él. Tal como Amós una vez suplicó por la nación de Israel, así ahora se está reuniendo a los Viajeros con una oportunidad de evitar lo que a mí me parece inevitable.

David parpadeó —Vaya —dijo—. Y vamos; un momento. He tenido preguntas antes, pero acabas de despertar toda una carga de nuevas. ¿Qué se está reuniendo a los Viajeros? ¿Qué Viajeros? y, ¿dónde?

—Todo Viajero asistirá a la cumbre. Yo moderaré la reunión. No estaremos aquí. Gabriel dijo esta última declaración y miró con curiosidad alrededor, como si acabara de notar el entorno.

David había estado inclinado contra su escritorio. Enderezándose, se acercó a Gabriel y preguntó: —Dices «todo Viajero». ¿Cuántos Viajeros hay?

—Muchos —respondió sencillamente el arcángel.

—Está bien. Pues bien, me parece que entiendo que la humanidad se halla en un mal lugar —«balanceándose sobre un precipicio», que es como pienso que lo dijiste; así que, ¿qué sucederá si los Viajeros no...? Pues bien, ¡si ni siquiera sé qué es lo que se supone que debemos hacer!

—Han habido ocasiones en la historia de tu planeta, David Ponder, cuando Él ha elegido... ah... ¿cómo debería decirle esto a un humano? —Sonriendo de repente, Gabriel pensó en el término que había estado buscando, y continuó—. cuando Él ha decidido empezar de nuevo.

David enarcó las cejas. —¿Qué quieres decir?

La expresión en la cara de Gabriel fue como si hubiera recibido una reprimenda por hablarle con severidad a un niño duro de entendederas. —Lo lamento —dijo—. Pensé que era claro lo suficiente sin entrar en detalles excesivos. Permíteme usar una frase diferente. Han habido ocasiones en la historia de tu civilización cuando Él ha elegido empezar de nuevo, empezar otra vez, crear otra vez....

—Entiendo lo que quieres decir, Gabriel —David interrumpió—. Estaba preguntando, ¿qué puede suceder?

Reajustando sus alas, Gabriel dijo: —De seguro sabes que yo no tomo esas decisiones específicas. Tampoco especulo sobre lo que pudiera ser. Sin embargo, si uno contempla el pasado, y busca el contexto histórico, la reorganización más reciente habría sido el diluvio.

David quedó estupefacto. —¿El diluvio? ¿Quieres decir Noé y el arca? ¿Sucedió eso en realidad? Siempre di por sentado que era... como sabes... un *cuento*, una parábola. O, si en realidad sucedió, que fue un evento regional.

Hubo una pausa incómoda antes de que Gabriel hablara. Cuando lo hizo, dijo: —David Ponder, a menudo me asombra la tendencia humana de ignorar lo obvio y de reescribir la historia en relatos más tragables o más fáciles de entender.

»Además de la abundante evidencia geológica, tu propia civilización registra más de quinientas culturas diferentes con relatos separados y distintos de un gran diluvio —apuntó Gabriel—. En cada caso, y aunque estos escritores y relatores estaban divididos por continentes, e idiomas, y montañas, y océanos, los detalles del evento que registran siguen siendo los mismos. Cuarenta días, cuarenta noches. Un diluvio al que sobrevivió solo un hombre y su familia en un barco gigantesco que había sido construido específicamente para proteger del agua a miles de parejas de animales, y una paloma que se soltó para que buscara tierra seca cuando las aguas bajaron».

Clavando la mirada profundamente en los ojos de David, Gabriel dijo: —Ustedes le llaman Noé. En Sumeria le llamaban Ziusudra. En Babilonia, Uta-Napistín. Los griegos decían que se llamaba Deucalión. En Armenia, era Xisutrus. En el continente de India, le llamaban Menué...

—¿Los sabes todos? interrumpió David.

—Por supuesto —replicó Gabriel.

Asintiendo, David hizo eco de la respuesta: —Por supuesto. —Respirando profundamente, volvió al tema de la cumbre—. Así que debemos reunirnos, todos nosotros, todos los Viajeros, y, ¿hacer qué?

—Juntos, se reunirán con la oportunidad de examinar la sabiduría acumulada del pasado a fin de determinar su futuro. O incluso si acaso hay un futuro para esta tierra...

David quedó boquiabierto. No podía creer lo que acababa de oír. Interrumpiendo, dijo: —No entiendo....

—Si de mí dependiera, David Ponder —dijo Gabriel con calma—, yo ya les habría dado la espalda hace años. Pero Él todavía tiene esperanza, aunque su corazón se duele y su paciencia decididamente está acabándose.

Gabriel miró fijamente a David como si estuviera decidiendo revelar más. —El hecho es —dijo finalmente—, que la humanidad está hundiéndose por decisión propia.

—¿Qué quieres decir? —preguntó David.

—¿No es obvio? —replicó Gabriel al instante—. Por muchos años ustedes progresivamente se han alejado de la verdad real y en su lugar han intentado producir su propia versión de una «verdad» que su intelecto puede captar. Al hacerlo, se han vuelto cada vez más hambrientos de los atributos de destrucción: una implacable sed de riquezas, un desdén de sus semejantes, y poder por amor al poder.

—Así que, lo que quieres decir con eso de que «la humanidad está hundiéndose por decisión propia» —empezó David.

Gabriel terminó el pensamiento. —Lo que quiero decir es que *en esta ocasión*, muy sencillamente, ustedes están proveyendo su propio diluvio. De seguro te das cuenta de que una parte del llamado progreso que han buscado ahora les permite destruir toda la vida de este planeta de varias maneras diferentes, muchas veces sobre muchas veces, y con rapidez variada. No necesitan que *Él* produzca lluvia.

Aturdido, David preguntó: —¿Hay algo que se pueda hacer?

—Por supuesto —respondió Gabriel—. Es por eso mismo que se reúnen los Viajeros. Pero debes darte cuenta de la verdad respecto a tu pregunta: Siempre han tenido una alternativa. Desde el mismo principio del tiempo, *siempre* han poseído el don y el poder del libre albedrío. Individual y colectivamente, todo destino humano último es cuestión de decisión: aceptación o rechazo, sí o no, recompensa o castigo, vida o muerte.

»A fin de que este concilio de Viajeros triunfe en su búsqueda, deben tratar de descubrir la senda que han abandonado.

Deben intentar volver a iluminar las tinieblas que han permitido que los cubra. Deben de nuevo luchar con las armas de sabiduría y persuasión para reclamar la autoridad que han abandonado».

El cerebro de David trabajaba febrilmente para captar la información que se le había dado. —¿Hay alguna pregunta específica que debemos hacer? —preguntó.

—Sí —replicó Gabriel—, y cuando se reúna la asamblea, esa pregunta les será planteada. También se les dará reglas específicas y un tiempo límite dentro del cual deben responder a la pregunta.

—¿Un tiempo límite? —espetó David—. Esto parece tan importante que no puedo imaginarme un límite...

—Con razón pruebas la paciencia de Él, David Ponder —dijo el ángel en son de burla—. Hace unos pocos momentos esperabas que tu tiempo en la tierra se acercara a su fin. Ahora argumentas en cuanto a restricciones de tiempo.

—Lo lamento —murmuró David—. Tienes razón, por supuesto. No es como si no se nos hubiera dado tiempo ya.

Sin reconocer esa declaración, Gabriel preguntó: —¿Tienes alguna otra pregunta?

—No —dijo David—. Supongo que hallaré lo que sea que haya que saber cuando lleguemos... pues bien, cuando lleguemos adonde sea que vamos a ir. —Respirando profundamente e intentando sonreír, añadió—: Me tranquiliza un poco saber que tú estarás dirigiendo esta reunión.

Gabriel extendió su ala derecha un ápice y, con su mano sacudió algo de ella. —Por el contrario, David Ponder —dijo, todavía mirando a su ala—. Yo meramente dije que posibilitaría la cumbre. Yo no soy el dirigente de esta búsqueda. Mi responsabilidad es establecer pautas para la búsqueda, marcar el límite de tiempo disponible para el debate, y formalmente plantear la pregunta que los Viajeros deben responder.

—Ah —dijo David, algo sorprendido—. ¿Va a haber un dirigente? Quiero decir, ¿se ha elegido ya un líder?

—Sí —replicó Gabriel mientras de nuevo miraba por el salón.

David enarcó sus cejas y se inclinó hacia adelante, esperando expectativamente, aunque por experiencia sabía que el arcángel tozudamente rehusaba responder incluso a una pregunta obvia mientras la pregunta no se había hecho en realidad.

—Está bien —acicateó David, tratando de no dejar que su impaciencia se viera—, ¿quién es la persona que dirigirá esta cumbre de los Viajeros?

Con esa pregunta Gabriel dirigió su plena atención a David y simplemente dijo: —Tú.

David hizo una pausa mientras su boca se abría a más no poder. La cerró y sonrió. Luego, casi con igual rapidez, frunció el ceño profundamente, finalmente tartamudeando: —¿Yo? ¡Debes estar bromeando!

Sin pronunciar ningún sonido y ni siquiera parpadear, Gabriel permaneció inmóvil, mirando al hombre de setenta y cuatro años que tenía delante, que parecía a punto de sufrir un síncope cardíaco.

David vaciló por un momento, decidió que Gabriel no iba a hablar, y le dio la espalda al arcángel con sus manos sobre sus caderas. De inmediato, se dio la vuelta de nuevo y volvió a empezar: —¿Yo? ¡Oh, vamos! Si todo esto no me hubiera sucedido antes, ni siquiera yo lo creería ahora. Simplemente me metería en la cama y esperaría a despertarme. Pero aquí estás tú de nuevo, y ahora me estás diciendo que... David se detuvo y gruñó: —¿Yo? —dijo de nuevo—. ¡Santa madre de Dios!

Gabriel alzó una ceja.

Apresuradamente, David se disculpó. —Lo siento. No quise decir eso como sonó. Yo estoy... ¿Yo?

—Sí, David Ponder —dijo Gabriel con calma—, tú.

Respirando profundamente y dando una vuelta alrededor de su escritorio, David intentó imitar la expresión del arcángel.

—Escucha, Gabriel... Notando que la ceja se levantaba de nuevo, David empezó otra vez. —Quiero decir, *por favor* escúchame, Gabriel. Acepto que todo lo que me dices es verdad. Está bien. Eso quiere decir, por lo menos, doy por sentado que eso quiere decir, que toda persona en la historia que jamás ha sido un Viajero estará en esta conferencia cumbre.

Gabriel asintió.

Esforzándose por mantener sus cabales y proceder con su línea de razonamiento, David se frotó en las mangas del pantalón las manos que de súbito le sudaban y continuó: —Está bien, está bien —dijo, luchando por mantener su línea de pensamiento mientras su mente giraba descontrolada—, si todo Viajero que jamás ha existido estará presente en esta conferencia, eso quiere decir que con certeza Cristóbal Colón estará allí. ¿Harry Truman, Abraham Lincoln?

De nuevo, Gabriel asintió.

—¿Y el santo... rey Salomón? ¡Gabriel! ¡Él fue el hombre más sabio en la historia del mundo! ¿Y se supone que yo voy a dirigir la reunión? ¡¿Por qué yo?!

Sin inmutarse por el arranque y esperando un momento para asegurarse de que David había terminado, Gabriel respondió con calma. —David Ponder, tú has sido elegido para dirigir este foro por tres razones.

»Primero, tú eres el único Viajero que al presente vive en el período actual de tiempo de la tierra. Así, teóricamente, los resultados de esta asamblea te importarán más a ti.

»Segundo, has sido juzgado extremadamente efectivo para utilizar la sabiduría que has reunido como Viajero.

»Por último, y tal vez lo más importante, tú eres el único Viajero que jamás ha sido escogido para representar al hombre común».

David frunció el sueño. —No estoy seguro de entender —dijo.

Por primera vez desde su llegada, Gabriel se movió desde donde había estado. Caminó hasta colocarse detrás del escritorio y con señas hizo que David se pusiera su lado. Tocando el estuche, y luego cada una de las Siete Decisiones una a la vez, Gabriel empezó a explicar. —¿Recuerdas, David Ponder, cuando nos encontramos por primera vez, y te informé el significado de la larga historia de los Viajeros? —El arcángel hizo una pausa y miró cuidadosamente a los ojos de David, esperando una respuesta.

—Sí, *en efecto* recuerdo —respondió David—. He pensado muchas veces en lo que me dijiste. Dijiste que yo era el último Viajero. Dijiste que después de mí no habría ningún otro.

—Eso es correcto —dijo Gabriel—. Lo que no sabías en ese tiempo es que se te consideró ordinario. Todos los Viajeros que te precedieron fueron bien sea especímenes humanos destacados o tenían grandeza a la vista.

»Tú, por otro lado, eras un ejemplar ideal de la raza humana. No tenías certidumbre del propósito de tu vida, eras inconsistente en tus acciones y actitudes, y enfurecido contra todo. En el instante de la encrucijada más crítica de tu vida, fuiste escogido para representar a tus semejantes. Se te dio el don de viajar a través de los siglos.

»En los años que siguieron, tu búsqueda de sabiduría continuó. Y aunque, como el de todos los seres humanos, tu camino fue salpicado con fracaso, prudentemente usaste incluso tus fracasos para promover la causa de la sabiduría. Y no lo hiciste solo para ti mismo, sino también por otros. Generosamente has compartido lo que has aprendido y lo que has llegado a ser.

»Debido a lo que has logrado y lo que has llegado a ser, David Ponder, ahora se te reconoce, incluso por parte de los demás viajeros, como el más grande de todos ellos».

David quedó turulato. —Ni en sueños —tartamudeó—. No puedo creer que los demás Viajeros incluso sepan quién soy yo. Y que me consideren el... pues bien, ¡ni siquiera puedo decirlo! ¡Eso simplemente no es posible!

Poniendo sus manos sobre los hombros de David, Gabriel dijo: —Yo solo digo la verdad, David Ponder. Es por esa razón que el último Viajero ha sido escogido para que dirija la cumbre final.

David no podía respirar, pero no sabía qué hubiera hecho con la respiración de todas maneras. No le quedaba nada por decir. Finalmente pudo hablar por fin, y David simplemente dijo: —Está bien. —Y después: —Pues bien, Gabriel, ¿cuándo partimos?

Quitando sus manos de los hombros de David, el arcángel extendió su brazo por detrás del anciano y lo sujetó fuertemente por la cintura. Con su ala izquierda Gabriel cubrió a David desde la nuca hasta los tobillos mientras levantaba lentamente el ala derecha por encima de ellos. Con un fuerte impulso Gabriel bajó su ala de repente al piso, disparándolos como proyectil, atravesando el cielo raso y al cielo nocturno. El arcángel, con su cabeza inclinada muy cerca a la de David, le dijo al oído: —En este instante.

CAPÍTULO 3

David recordaba la sensación de salir disparado hacia arriba y ver destellos relampagueantes de luces de colores antes de perder el sentido. Al empezar a recuperar el sentido, se halló sin poder moverse o incluso abrir los ojos, pero se daba cuenta intensamente de la velocidad extrema y el sonido como ningún otro que había oído jamás. Y no fue un sonido agradable, resonando con un sordo retumbar como el estruendo de una explosión mezclada con el estridente quejido de un motor a chorro de un avión.

Aunque nauseado por el ruido y la aceleración, David sintió alivio al percibir que los brazos de Gabriel todavía lo sostenían. Por más que trataba, sin embargo, no podía pensar con claridad.

Sueños o visiones de colores se abrían paso a su mente, materializándose de repente y desapareciendo con la velocidad de la luz. Vio su primera casa. Después a Jenny, su hija, en su infancia empezando a dar sus primeros pasos... el salón del trono del rey Salomón... el Dodge Colt, su primer coche, que había estrellado antes de su primer viaje, sus padres como pareja joven... su último beso a Ellen cuando ella salió para Austin, seguido inexplicablemente de escenas entreveradas de su boda y el funeral de ella.

Como si estuvieran por encima de la acción, David presenció el ataque de Chamberlain en Gettysburg. Observó cómo su mano temblorosa firmaba los papeles de la bancarrota, y se vio a sí mismo paseando por la playa Big Reef en la Isla Pedro. David presenció horrorizado mientras Lincoln cambiaba de posición en su butaca en el palco del teatro Ford, con una figura tétrica detrás de él, extendiendo el brazo...

Y de nuevo vio a Ellen, la hermosa Ellen, en el vestido azul que a él le gustaba tanto. «Cariño», dijo ella, extendiendo su mano para tocarle, pero extrañamente, al mismo tiempo, elevándose y alejándose, «dependo de ti. Dependo de ti. Dependo de ti...».

—David Ponder —dijo Gabriel de repente—, hemos llegado. Abriendo los ojos, la mente de David se aclaró. Estaba, notó, ya sentado a la cabeza de una mesa rectangular con sillas sobre una preciosa alfombra de lino púrpura. Echando un rápido vistazo alrededor, David no pudo ver nada más que estuviera cerca; ni siquiera paredes.

El piso, que continuaba a la oscuridad más allá de la mesa, era de madera dura y había sido pulida hasta brillar. De inmediato, David decidió que nunca había visto un piso igual a este. Las tablas eran enormes, obviamente cortadas de árboles gigantescos. Cada grano de la madera pulida era distinto, y las junturas entre las gigantescas tablas estaban llenas de... *Pues bien, si no era oro real*, David pensó, *ciertamente parecía oro.*

Dándose cuenta de un vaso que tenía en la mano, David vio que tenía un líquido claro. Levantándolo hacia Gabriel preguntó: —«¿Agua?»

Con una expresión divertida, el arcángel respondió: —Por supuesto —y le hizo señas para que bebiera.

David lo hizo de inmediato. Devolviendo el vaso a la mesa, se puso de pie y prácticamente se dejó caer en la silla, mirando a su anfitrión con alarma.

—*Mareo* es la palabra que pienso que usarías para esa sensación —explicó Gabriel como si tal cosa—. Pasará en un momento. El arcángel pasó detrás de David, haciéndole que se volviera a la derecha en la silla. —Te dejaré ahora por un tiempo breve —dijo—. Descansa si quieres.

—¿Cuándo vendrán los demás? preguntó David. —¿Cuándo empezaremos?

—Pronto —contestó Gabriel y se volvió, alejándose directamente de la cabeza de la mesa hacia una puerta imponente que se iluminó mientras se acercaba. La puerta estaba hecha por entero de una piedra hermosa, mármol o granito, pensó David, y relucía con vetas verdes, plateadas y blancas. Nunca había visto nada como eso y quedó asombrado, pero no sorprendido, cuando el arcángel simplemente puso su mano sobre la puerta y esta se abrió. La mano de Gabriel fue a posarse donde una manija o perilla hubiera estado en otro caso, pero la piedra parecía casi sin peso mientras raudamente se abría hacia afuera del salón.

Una luz brillante, intensa, irradiaba del otro lado mientras la puerta se abría, haciendo que David se escudara los ojos con la mano. Gabriel, sin embargo, simplemente pasó por la entrada y se volvió de nuevo hacia David. Esa perspectiva visual en particular de la silueta del arcángel, rodeado de luz, fue una visión que David quiso recordar para siempre. Fue una vista que casi le quitó la respiración.

Gabriel se quedó quieto por un momento antes de repetir su última palabra. —Pronto —dijo, y la gigantesca puerta se cerró lentamente.

Intrigado por su entorno, David cautelosamente se puso de pie, agradecido de que su equilibrio le hubiera vuelto. No tenía el más mínimo miedo y contuvo una risita al reconocer ese hecho para sus adentros. Por otro lado, el nivel de entusiasmo de David estaba en un punto más alto que nunca. Tenía un gran deseo, pero algo nervioso, de conocer a los demás participantes. Y aunque no se sentía plenamente confiado en cuanto a su propia capacidad de contribuir, mucho menos *dirigir*, David se sintió seguro de que la sabiduría de estos Viajeros traídos a la mesa rápidamente resolvería cualquier pregunta que Gabriel pudiera plantear.

Esa era otra cosa por la que David tenía curiosidad: ¿Cuál era la pregunta? Su mente dio unos cuantos brincos alrededor de la idea. *Yo tengo una pregunta en cuanto a la pregunta*, pensó David, divertido consigo mismo, *¡y ni siquiera sé la pregunta!*

Con ganas de explorar su entorno y dando por sentado que estaba permitido hacerlo, David se dirigió primero a la puerta que había usado Gabriel. No había, notó, otra alternativa. Era la única puerta en el salón. La puerta estaba cubierta por la oscuridad, pero al primer paso que David dio en dirección a ella pareció encender una luz. David alzó la vista y no se sorprendió al hallar que no pudo localizar la fuente de la luz. No parecía emanar de ningún lugar en particular. La luz simplemente estaba allí.

David sonrió al acercarse a la puerta y que la luz se hiciera más brillante. Era exactamente la misma clase de luz que le había parecido tan increíble hace años, en «el lugar que nunca fue», cuando había encontrado a Gabriel por primera vez.

La puerta era tan grande como David lo había pensado al principio, tal vez más grande. Estaba enmarcada en madera rica, oscura, que había sido tallada en formas fuertes con bordes suaves. El marco era hermoso, pero cuando David miró más de cerca, sabía que no había manera en la tierra de que algún marco de madera, aun cuando hubiera sido reforzado, que pudiera soportar la puerta gigantesca de piedra. *Eso es exactamente así*, pensó David para sus adentros, al dar una última mirada y volver de nuevo hacia el interior del salón. *De ninguna manera en la tierra...*

Después de unos pocos pasos, David hizo una pausa entre la mesa y la puerta. Un rápido vistazo detrás fue todo lo que le llevó para ver que la luz en la puerta se había atenuado. De nuevo, sacudió su cabeza maravillado y trató de concentrarse en lo que tenía por delante.

La mesa, como todo lo demás que había visto, era única en su clase. Era un diseño sencillo pero fascinante que hubiera estado bien igualmente en casa, en un palacio o en un taller. Había sido construida, David notó al instante, sin clavos. Clavijas de madera y muescas talladas encajaban perfectamente en un patrón que no solo sujetaban las patas de la mesa sino que unían los tablones que formaban el tablero.

Había sido lijada, frotada y barnizada a mano, David sabía, y mientras recorría con sus dedos el borde de la tabla, también vio el elegante bisel que alguien había hecho con paciencia y cuidado. *Ninguna máquina jamás tocó esta mesa*, musitó David.

Las sillas habían sido hechas para que combinaran y eran tan hermosas y sin pretensiones como la mesa. Había tres a cada lado. Un extremo había sido dejado vacío, haciendo la cabeza de la mesa una conclusión de cajón, aun cuando esa silla en particular no era más grande que las demás y todas las siete estaban tapizadas de manera similar. David tocó la parte más alta de uno de los espaldares de las sillas, admirando el preciso tallado en madera. Cada una había sido tallada a mano, duplicando el borde de la mesa.

Después de dedicar tiempo para apreciar la artesanía, David fue a sentarse a la mesa. No tenía deseo de explorar la oscuridad más allá de lo que podía ver y pensó que bien podría tomar un momento para poner sus ideas en orden. Descartando el lugar que había ocupado inicialmente, David llevó su vaso de agua más allá de esa silla, pasó otro asiento, y escogió la siguiente posición hacia abajo, la silla de la mitad a la izquierda.

David bebió otro trago de agua del vaso y cerró los ojos. Respirando profundo, trató de aclarar la mente pero halló difícil ignorar su ubicación actual, que era... ¿dónde? No lo sabía, pero

ANDY ANDREWS

sonrió al pensar que tal vez pudiera aproximarse adivinando un par de veces. *¿Cuánto tiempo había pasado desde que Gabriel apareció en mi oficina?* se preguntó David. ¿Quince minutos? ¿Quince horas? No estaba seguro.

Cuando abrió sus ojos unos pocos minutos más tarde, decidió de inmediato que algo había cambiado. Al principio David no estaba seguro exactamente de lo que pudiera haber sido, pero rápidamente determinó que era la luz. La luz en el salón era más brillante; y el círculo de luz alrededor de la mesa se había ampliado. No, decidió, estaba *ampliándose*. Mientras David contemplaba, con gran lentitud la luz se extendía como alejándose de él por todos lados, produciendo un círculo cada vez más amplio.

Como a unos diez metros de la mesa, como iluminados desde un costado, pero de nuevo sin ninguna fuente, objetos erectos empezaron a aparecer. David se volvió para mirar detrás. A la izquierda, derecha, por todas partes donde miraba, lo que parecían ser varas o postes lentamente estaban siendo revelados en el círculo de luz que se expandía.

No dejó la silla. David no se movió para nada excepto para ocasionalmente echar un vistazo alrededor. Fascinado por lo que estaba observando, se preocupó de que si en efecto se movía, la luz pudiera detenerse. Así que esperó. *¿Varas? ¿Postes? ¿Qué es esto?* se preguntaba David. Entonces, de repente, se dio cuenta de todo.

Cuando la luz reveló que las barras verticales hasta una altura de como cincuenta centímetros, un «tablero» se dejó ver. Otros como cinco centímetros de luz y David reconoció tela que se parecía a... pues bien, la tela se parecía mucho al mismo tapizado sobre el que estaba sentado. Cuando los espaldares de las sillas se dejaron ver, David se dio cuenta de que estaba rodeado de sillas; sillas idénticas a las que había alrededor de la mesa.

Llevó algún tiempo, pero el círculo de luz gradualmente reveló otra hilera de sillas detrás de la primera. Estaban elevadas por lo menos unos cincuenta centímetros más altas que la primera hilera. Un círculo de sillas encerrado por otro círculo más alto de sillas. Había varias áreas de escalones o gradas situadas entre los niveles.

El área que estaba siendo iluminada continuó aumentando hasta que David pudo ver claramente cuatro hileras, cada una más alta que la anterior. Aunque la luz se atenuaba considerablemente después de la cuarta hilera, obviamente había más asientos detrás de los que él pudo distinguir desde su lugar en la mesa. David pudo distinguir una quinta y sexta hilera, pero después de esas, no tenía ni idea de hasta dónde subían, y en cualquier caso, la luz ya no estaba moviéndose.

Inesperadamente, David percibió humo. Frunciendo el ceño, miró a su alrededor. Era humo de cigarro. David reconoció el olor de inmediato. Le encantaban los cigarros pero años atrás había jurado dejarlos por Ellen. Lo que había sido una fragancia para él se había convertido en fétida pestilencia para ella. Con un poco de acicate y aguijoneo, David finalmente había admitido que las alergias de Ellen vencieron a sus deseos de quemar hojas, y desde el día en que él se había rendido, nunca volvió a fumar otro cigarro; ni siquiera cuando estaba solo.

Ahora el acre aroma lo invitaba de nuevo. Volviéndose a la izquierda, David vio una nubecita de humo flotando contra el trasfondo en penumbra detrás suyo. Intentando seguir la nube con los ojos, David atisbó en la oscuridad y ubicó la fuente. Allí, como a las siete detrás de él en la hilera seis, estaba... alguien.

Ese alguien estaba vestido de negro, lo que hacía difícil discernir, pero cuando aspiró el cigarro, su lumbre rojo vivo permitió que David captara un vislumbre de un viejo pálido, calvo, enmarcado por delgadas fibras de pelo cano; y llevaba un sombrero, negro.

Ruidosamente el hombre se aclaró la garganta. David se quedó mirando la oscuridad, tratando de ver lo que obviamente no podía. Avanzando hacia adelante, el hombre descendió dos escalones. David vio sus piernas y un bastón tan negro como los pantalones del hombre. —Bien, bien —dijo el hombre con una voz carrasposa con un fuerte acento británico—. Si tú eres quien pienso que eres, es un honor conocerte, señor.

—Gracias. Para mí también es un gusto conocerte —respondió David sin tener la menor idea de la identidad de la persona con quien estaba conversando de repente, porque todavía no podía ver claramente la cara del hombre. Con todo, se puso de pie y se adelantó mientras el hombre avanzaba trastabillando hacia otro escalón.

Bajando trabajosamente otros varios escalones el viejo, el viejo gordinflón, que ahora David podía ver, llevaba puesto un sombrero bombín, hundido fuertemente en su cabeza. Su bastón tanteaba hacia adelante mientras descendía con toda deliberación, a propósito concentrándose en cada paso. Por supuesto, con su cara inclinada, el sombrero continuaba oscureciendo su cara; y era por eso, aunque el hombre ya estaba plenamente en la luz, que David todavía no había podido verle como es debido.

Finalmente, el anciano llegó al piso y colocó el bastón debajo del brazo. Sacándose el cigarro de la boca, extendió su mano derecha para el apretón. Con una gran sonrisa, sacó su cara de sus hombros y rugió: —¡Ponder! ¡Buen hombre!

Era Winston Churchill.

Un escalofrío le recorrió el cuerpo de David. Estaba sucediendo de nuevo. Tenía ya más años y estaba más preparado para la sorpresa de encontrar a alguien de otro lugar y tiempo, pero con todo era increíble. Allí estaba un hombre de quien había leído y había visto en los noticieros. Aquí... en carne y hueso. David sonrió y estrechó vigorosamente la mano de Churchill.

—Eres el héroe del momento, y lo entiendo —dijo Churchill alegremente al avanzar hacia la mesa.

—¿Cómo dices? —respondió David, sonando confundido.

—Oh, vamos —dijo Churchill con una risita—. Sé todo en cuanto al gran David Ponder. Ya me lo han informado, como solía decir en 10 Downing. La palabra es que tú estás en la silla caliente.

—Supongo que eso es verdad —dijo David lentamente—. Gabriel... —empezó a decir, y luego se interrumpió: —¿Conoces a Gabriel?

Las cejas del gran hombre se elevaron. —De verdad.

—Gabriel dijo que eso se debe a que yo soy el único Viajero que vive en el... eh... tiempo presente... —Corrido, David se detuvo de nuevo—. Pero supongo que no es el tiempo presente para ti.

—Ciertamente, es tiempo presente para mí también —dijo Churchill, asintiendo—. La diferencia es, que en estos días, me dedico mucho más a observar y mucho menos a *hacer* desde mi posición ventajosa.

David quiso preguntarle al ex primer ministro británico exactamente cuál era esa posición ventajosa pero decidió guardar la pregunta para más tarde. En lugar, intentó volver al asunto.

—Así que, sea como sea, Gabriel me dijo que debido a que al presente estoy viviendo en la tierra —dijo David, notando para sí mismo que esta conversación ya era la más estrafalaria que jamás había tenido su vida (y eso ya era decir algo)—, que yo estaría en el... pues bien, como lo dijiste... el que ocupa la silla caliente.

—Tú eres el líder de nuestra reunioncita —dijo Churchill escogiendo la silla a la derecha de la de David y tomó asiento—. Adelante; puedes decirlo: «Yo soy el líder». Dilo.

—Prefiero no hacerlo —replicó David.

—¡Dilo, hijo viejo! —exigió Churchill severamente. Sostuvo su pose severa por un momento que se disolvió en risa. —¡Ja! —exclamó ruidosamente—. Estoy solo bromeando, por supuesto, pero la expresión de tu cara no tiene precio. Respirando profundamente, Churchill visiblemente se relajó. —Llámame Winston.

—¿En serio? Está bien, si está bien contigo —dijo David con cautela. No sabía qué pensar de Churchill. El hombre no era lo que él había esperado. Pero, de nuevo, tuvo que recordarse, *¿quién esperaba ver a Winston Churchill, para empezar?*

—Sí, está bien conmigo —dijo, dando por terminado el asunto—. Siéntate. ¿Puedo llamarte David?

—Sí, por favor —convino David al sentarse en la misma silla que había ocupado previamente.

—Pues bien, entonces, David —empezó Winston—, ¿estamos puertas adentro o al aire libre?

—¿Cómo dijiste?

—¿Puertas adentro o al aire libre, hombre? —farfulló Churchill—. ¡Mi sombrero!

La línea de mirada de David se elevó de los lagañosos ojos marrón del primer ministro pasando por el espesor blanco de las amplias cejas para ver que todavía llevaba puesto el sombrero.

Con fuerza Churchill empuñó el bombín y lo arrojó a la mesa, frotándose con la mano la parte superior de su cabeza. Atisbando hacia arriba, comentó: —¿Puertas adentro o al aire libre? Parece que no hay una respuesta a eso aquí. Un hombre decente no lleva el sombrero puesto puertas adentro. ¿Es demasiado querer saber si uno está puertas adentro o al aire libre? —hizo una pausa solo por un segundo.

Con el mentón levantado, Churchill contempló hacia arriba de nuevo. —¿Y de dónde viene esa luz?

David se rió ruidosamente.

—¡Lo digo en serio! —dijo Winston, tratando de reprimir una risa—. Tampoco hay viento. ¿Lo has notado? ¿Dónde está el viento? —Se levantó y empujó su cabeza hacia David como le había visto hacer cuando se presentó.

A nadie en particular Winston dijo: —Pienso que necesitamos una buena tempestad de cuando en cuando. Unos cuantos rayos. Mucho viento. —Su labio inferior estaba fruncido hacia fuera, y David vio al viejo echarle un vistazo con el rabillo del ojo—. Le haría algún bien a este lugar, lo haría. Mantendría a todos alerta. Nada como una buena tormenta, digo, para limpiar el lugar un poco.

David miró a su alrededor. —A mí me parece bastante limpio —dijo con una sonrisa, bastante seguro de que Winston estaba fingiéndose gruñón porque lo disfrutaba.

—Sí, lo está —convino Churchill como si se desilusionara y se arrellanó en su silla—. ¿Un cigarro? —preguntó, metiendo la mano en el bolsillo y sacando uno fresco.

¿Por qué no? pensó David. *Voy a fumarme un cigarro con Winston Churchill.* —Con certeza —le dijo al primer ministro mientras recibía la oferta—. Gracias.

Churchill le encendió el cigarro, acto sencillo que deleitó a David, y los dos hombres empezaron a aligerar su expresión. —He seguido tu carrera desde tu viaje, como sabes —dijo Winston.

David se sorprendió. —No —dijo—, no lo sabía. En realidad no tenía ni idea de que eso se hiciera.

—Pues bien... —dijo Winston, arrastrando la palabra y haciendo ademanes con su cigarro—, a veces se lo hace y a veces no. —Apretó los ojos— Pero me interesé en ti de manera especial. Primero, debido a Lincoln. Esa fue tu sexta parada, si recuerdo correctamente. Te envidié por eso.

David inclinó la cabeza a un lado.

—Sí —continuó Churchill—, lo admito. Te envidié. A lo mejor todavía te envidio, en realidad. —Frunció el ceño furiosamente, haciendo que David se riera, y con igual rapidez volvió a retomar su narración tranquila—: Soy, y siempre he sido, admirador abierto de Lincoln. Leí de él cuando joven. Me encantó el hombre; todo en cuanto a él. Y era feo; como yo. ¿Qué mejor estímulo para un joven político, eh? —Él y David se rieron de buen grado.

Recuperando el aliento, Winston continuó con el cigarro apretado fuertemente a un lado de su boca. —En cualquier caso, cuando recibí la noticia de que un Viajero estaba a punto de encontrarse con el viejo, sabía que no podía perdérmelo.

—¿Nos observaste?

—¡Sí... sí! No lo vemos todo, por supuesto, pero los Viajeros que se han «deslizado de los hoscos grillos de la tierra», eso, de paso, es una frase que tomé prestada de otro de nosotros, a los que hemos pasado ya se nos permite cierta... mmm... licencia, por así decirlo. —Churchill se detuvo y aspiró furiosamente su cigarro—. ¿Dónde estaba?

David sonrió. —Me viste con Abraham Lincoln.

—¡Sí! Ah... pues bien, me interesé en ti. Lincoln hablaba del perdón. Tu... ibas a la iglesia todas las semanas *debido al principio* del perdón, y sin embargo ¡vivías tu vida como si nunca hubieras oído el concepto! —Churchill golpeó la mesa con el puño, haciendo que David saltara, pero asintió en acuerdo porque era verdad.

—Así que se me despertó la curiosidad —continuó Churchill—; y me pregunté: «¿Cómo responderá este joven?» Inclinándose hacia David, añadió: —Y tú eras joven entonces. —Se arrellanó en su silla, tamborileando sus dedos sobre la mesa. David nunca había visto a una persona sentada que pareciera estar en movimiento tan constante.

Churchill se aclaró la garganta y continuó: —Continúe observando. Te vi con Gabriel en «el lugar que nunca fue». Él también me llevó a mí allá, de paso. Lugar horroroso. Me hizo mucho bien, sin embargo, como estoy seguro que te lo hizo también a ti. —Esperó que David asintiera, y cuando recibió la reacción que esperaba, siguió.

—Muy curioso. Sí, por supuesto, me pregunté lo que harías con las Siete Decisiones. Todos los Viajeros las recibieron, como sabes, en una forma u otra...

—No lo sabía —dijo David.

—Sí. Sí. Así que me sentí justificadamente orgulloso de tu éxito y generosidad cuando lograste hacer que las cosas se movieran al regresar a tu propio tiempo. Es una especie de fraternidad, como ves, y podemos de alguna manera enorgullecernos unos de otros. Dicho eso, es lo que esperábamos después de todo.

David inclinó su cabeza a un lado, y sin decir nada, le hizo entender al anciano caballero que no lo entendía.

—¡Se lo espera! —repitió Churchill en voz alta—. ¡Por amor a Dios, hombre! ¡Has visto las Siete Decisiones para el condenado Éxito justo en tus manos. ¡Todo lo que debes hacer es moverte! ¡Así que esperábamos el éxito de un Viajero!

Winston aspiró fuerte su cigarro hasta que recuperó un semblante más calmado y entonces dijo: —Sí. Tu éxito estaba virtualmente pre ordenado. Por consiguiente, me sentí orgulloso, pero no sorprendido. Mi curiosidad en cuanto a ti, sin embargo, y la curiosidad de tus compañeros Viajeros, se intensificó cuando lo perdiste todo.

—Sí —dijo David secamente—, mi curiosidad también se despertó en ese punto.

—¡Ajá! —exclamó Winston—. Bien dicho. En consecuencia, ¡simplemente quedé encantado por tu regreso! Maravilloso, en realidad. Y aquí todos pensamos que el Viejo Muchacho —Churchill señaló hacia arriba con el dedo—, había cometido un error. ¡Ajá de nuevo! Deberíamos haberlo sabido mejor. Tú nos pusiste en nuestro lugar. Hato de Tomases dudosos que somos. —De repente, se detuvo en medio de su pensamiento y preguntó: —¡Has conocido a Tomás! Él está aquí, como sabes —y de inmediato volvió a su senda—. En cualquier caso, como resultado de tu mayor éxito la próxima vez, mis propios logros se volvieron tema de debate.

—¿Por qué pasó así? —preguntó David.

—Porque —dijo Churchill lentamente como si hablara con un alumno torpe—, ¡yo mismo fui un «hombre de segundo acto»!

David sonrió. —Está bien, dime qué es «un hombre de segundo acto».

—Con gusto —asintió Winston—. Un «hombre de segundo acto» es un término que acuñé de mi propia cosecha. Describe perfectamente a la persona, caballero o dama, que ha triunfado modestamente o incluso grandemente durante el «primer acto» de su vida, solo para sufrir alguna tragedia en el intermedio.

—Sigue —acicateó David.

Cambiando de posición en su silla, Churchill se sacó el cigarro de la boca y lo usó para hacer énfasis. —Ahora, la mayoría de individuos, los que son solo «personas de primer acto», pasan el resto de sus vidas en declinación lenta, pensando y hablando de lo que fue y de lo que pudiera haber sido. Muy triste. —Hizo una pausa por un momento, y luego volvió a meterse el cigarro en la boca y a aspirar para que la lumbre vuelva a cobrar vida—. Digo: «muy triste». ¡Ja! Muy triste para *ellos*!

—¿Pero no para ti? —David instó con un esbozo de sonrisa. Pensó que sabía a dónde iba todo eso.

—¡Por supuesto que no para mí! —rugió Churchill—. Yo era un Viajero. Sabía la verdad en cuanto a mi situación. La tragedia en la vida de un hombre no es que él se dé por vencido; la tragedia real es que casi gana ¡pero nunca empieza su segundo acto! A los fuertes a veces se les permite probar el sabor del éxito, un bocado de lo bueno, para despertar su apetito para la carrera de larga duración.

»Pero hay más que aprender... más que llegar a ser. Por consiguiente, después del primer acto, a algunos de nosotros se nos obsequia una vacación en el Valle de Sombra de Muerte. Allí, en ese Valle, en donde el abono de la vida parece haberse destilado en una sola olla, es donde llegamos a ser más. En el Valle se nos permite pensar y meditar. Experimentamos la soledad y ganamos humildad. Aprendemos a concentrar nuestros pensamientos en otros y no a llorar por nosotros mismos.

»Entonces, y solo entonces, captamos una perspectiva gloriosa. Y, como un Viajero lo dijo, la perspectiva da calma. La calma conduce a pensamiento claro. El pensamiento claro produce ideas; y de las ideas obtenemos respuestas».

—Entonces empieza el segundo acto —dijo David con calma.

—Sí —convino Churchill con severidad, moviéndose en su silla un poco como para desembarazarse de un talante sombrío repentino—. Sí. Entonces empieza el segundo acto. Y el segundo acto hace que el primero se vea como juego de niños. Se nos permite tomar el recuerdo del éxito, la certeza de saber lo que se puede hacer, añadirlo al abono de la sabiduría, y experiencia, e ideas frescas y... pues bien, tú eres prueba viva de lo que sucede.

»O de lo que se supone que debe suceder. Es una desgracia, como sabes, cuando las cosas salen al revés. —El cigarro salió de su boca de nuevo, y lo usó como puntero—. He visto a muchos hombres o mujeres haber experimentado el estímulo del éxito, que se les haya dado el beneficio del tiempo y las sombras, solo para observarlos sencillamente ¡rehusar salir del Valle! ¡Aturdidor! ¡Y nadie más sorprendido que el mismo Todopoderoso! ¡Lo sé! He estado allí. Le he visto alterarse por eso. Es algo terrible».

Churchill volvió a embutir el cigarro en su boca y se arrellanó. Aspiró varias veces, pero el cigarro se había apagado. Metiendo la mano en el bolsillo de su sobretodo, sacó un antiguo encendedor Zippo y volvió a encenderlo. Volviendo a cerrar el encendedor, dijo: —Me encanta este objeto. No lo cambiaría ni por la luna. Uno de tus muchachos me lo regaló. —Le pasó el encendedor a David, que lo miró con admiración.

—Visité una base aérea al principio de la pelea. Uno de tus muchachos venía de Baltimore, Maryland, para entrenar a nuestros pilotos. Se llamaba Tyler Mason. Lo prestaron a la RAF. Tipo joven que me lo regaló y dijo que iba de regreso a casa al día siguiente. Dijo que no se atrevía a fumar en casa. Dijo que su esposa, Ellen, me dijo así se llamaba ella; es divertido que nunca lo olvidé, no le permitía fumar. —Churchill sonrió—. Le llamé enclenque, y él se rió.

Churchill perdió la mirada en la distancia y dijo: —Nunca llegó a casa, a esa esposa. El capitán Tyler Mason murió en un bombardeo de la Luftwaffe treinta minutos después de salir.— Se detuvo, y volvió a tomar el encendedor, devolviéndolo a su bolsillo. David se quedó quieto pero lo observó atentamente—. Sí. Andaban buscándome. La inteligencia nazi de alguna manera había ubicado donde estaba yo... —Su voz se perdió—. Nunca llamé a su esposa. Tampoco nunca le escribí. Demasiado ocupado... o algo.

—Estoy seguro de que ella está bien ahora, dondequiera que esté —dijo David.

—Sí, con certeza está bien —convino Winston y aspiró profundamente—. ¿Cómo me metí en ese tema? Ah, el encendedor. Frunció el ceño momentáneamente pero se recuperó, diciendo: —Te estaba felicitando por tu «segundo acto». Brillante.

—Gracias —murmuró David.

—Los segundos actos pueden ser muy impresionantes. —Winston alargó el mentón y declaró—: El mío lo fue, por supuesto —lo que hizo que David se riera. Continuando, Winston dijo: —En realidad estoy algo sorprendido porque no parece haber mucha información en cuanto a mis éxitos tempranos en todos los libros en cuanto a mí.

—¿Tú lees libros en cuanto a sí mismo? —preguntó David inocentemente.

—Pues bien, no, por supuesto que no —dijo Churchill, cambiando de posición en su silla—. No, no. Simplemente he echado un vistazo en unos pocos de ellos. Estoy simplemente diciendo —y pasó a decirlo con un poco más de fuerza—, que ninguno parece enfocar en nada más que mis años durante la guerra, como primer ministro.

David asintió conviniendo, pero en realidad él mismo tampoco estaba muy informado en cuanto a la vida temprana de Churchill. Esperaba que el hombre no se dispusiera a examinarlo.

—Meramente estaba mencionando el hecho de que en mi propio primer acto, fui ministro de gobierno. Fui ministro de colonias. Fui el ministro de economía para el Parlamento. Mi punto es que... no me faltó éxito. Entonces, durante la década de los 30, y permíteme recordarte que fue toda una década, no ocupé ningún cargo y perdí todo el favor del público.

»Estaba solo, completamente solo; excepto, por supuesto, por los que eran íntimos lo suficiente como para señalarme, por lo general como un buen ejemplo de un *mal* ejemplo. El éxito, la capacidad de dirigir... todo se había ido al Valle de la sombra y todo eso. —Churchill respiró profundamente—. ¡Pero! —exclamó—. Pero parecía que yo era el único que estaba en ese Valle en esos momentos; y la vista desde allí me dio una perspectiva aterradora. Mientras Francia, Polonia, y Bélgica, y nuestro propio primer ministro se ponían frenéticos hablando de almuerzos y de apaciguamiento y tratados, estando solo en mi agujero pude ver lo que ellos no pudieron ver.

»Uno no puede hacer paz con un monstruo. Intentar hacerlo es necedad y meramente es carnada en la trampa del monstruo. Vi a Hitler rearmándose para la guerra. Y por más ruidosamente que hice sonar el gong de la advertencia, nadie quiso escuchar.

Inevitablemente, cuando los nazis invadieron Francia, y Polonia, y Bélgica, y nuestro propio primer ministro renunció en vergüenza, los británicos vinieron al Valle... porque en verdad sabían dónde residía yo. En ese momento había empezado mi segundo acto».

David se quedó sentado sin moverse, mirando al hombre que lo había vivido todo, agradecido por la inesperada noción que Churchill le había provisto en cuanto a cómo su propia vida se había desarrollado. Churchill hizo sonar las narices y se frotó la cara con un pañuelo. —Oh, bueno, me entusiasma nuestra búsqueda. Me alegra ser parte, por así decirlo.

David estaba a punto de preguntarle a Churchill si sabía la pregunta que Gabriel les plantearía o si sabía dónde estaban los otros. Estaba curioso en cuanto a por qué Winston Churchill había sido el primero en llegar y por qué se le había dado tiempo a solas con el gran hombre. Pero antes de que pudiera pronunciar una palabra, la puerta empezó a abrirse.

CAPÍTULO 4

Los hombres escudaron sus ojos mientras la puerta se abría por completo. La luz era casi insoportable, pero Gabriel pasó rápidamente y la puerta empezó a cerrarse. Mientras se ponían de pie, Winston dijo en voz baja: —Aquí viene él. No le llames ángel.

—¿Qué? —respondió David, sin estar seguro de haber oído correctamente, y de haberlo oído, por cierto no lo entendió.

—Este es un *arcángel* —dijo en voz baja rápidamente Winston mientras Gabriel se acercaba—, y no aprecia que se le degrade por identificación errónea.

—Ah —replicó David, sin saber qué más decir.

—Lo verás —dijo Churchill suavemente. Dirigiendo su atención al recién llegado, dijo con voz tronante: —Buenos días Gabriel.

—Buen día, Winston Churchill. Hola, David Ponder —contestó Gabriel.

Sin esperar nada de su anfitrión divino, Winston se adelantó, hizo lo que era natural en él, y fue en la ofensiva. —¿Cuando dices «Buen *día*», Gabriel, ¿indica eso mañana, tarde o noche?

Gabriel se quedó inexpresivo por un instante, y luego dijo: —Me parece que el término humano es *pavonearse*, Winston Churchill. Eso es lo que estás haciendo, ¿verdad? ¿Pavoneándote? ¿Fanfarroneando? ¿Proveyendo exhibición para nuestro visitante? De seguro recuerdas que hemos tenido esta conversación antes. —Con eso, Gabriel empezó a dirigirse al otro extremo de la mesa.

David abrió ampliamente los ojos por lo que parecía ser un regaño, pero Winston simplemente hizo una mueca socarrona y explicó en voz baja, como guardando un secreto: —Es la misma vieja pregunta «por dentro o por fuera». No puedo conseguir una decisión en cuanto a qué hora del día es aquí tampoco. Me saca de quicio. Así que —Winston levantó su pulgar hacia Gabriel y sonrió—, le devuelvo algo en su propia moneda.

David reprimió una sonrisa mientras empezaba a seguir al arcángel. Dándose la vuelta al llegar al final de la mesa, Gabriel se dirigió a los dos hombres cuando se detuvieron frente a él. —Este es el teatro —dijo, indicando con sus ojos el salón donde estaban—. Los asientos para los asistentes se proveen en un círculo. Los invitados están empezando a llegar. Las reglas se especificarán cuando todos estén sentados. A sus lugares, caballeros.

Antes de que Gabriel terminara de hablar, David notó movimiento a su izquierda. Dirigió sus ojos hacia la distracción, tratando de permanecer atento al arcángel, pero se halló incapaz de dejar de seguir con la vista a Daniel Boone. ¿O era David Crockett? De repente, David empezó a sudar mientras las personas —algunas de las cuales reconocía, y otras no— entraban inundando el teatro. Venían desde la parte más alta, tal como Churchill había entrado. David clavó la mirada en la oscuridad pero no pudo ver exactamente dónde estaba el punto de entrada. Tal como había tenido lugar la entrada de Winston, sin embargo, cada persona emergía de la oscuridad a la penumbra, y finalmente a la plena luz, sorprendiendo a David conforme cada cara se revelaba.

Pero había docenas de ellos. Jorge Washington se abrió paso a un asiento en la primera fila detrás de una mujer que David pensó que pudiera ser Marta. No estaba seguro. ¿Era Marta Washington una Viajera? ¿Cómo iba *él* a saberlo?

Había un indígena de baja estatura vestido con ropa sencilla de lona. David sintió como que se mareaba y puso la mano sobre la mesa para estabilizarse. Un hombre llevando una gorra de los Yanquis de Nueva York estaba estrechándole la mano a Sócrates, o Aristóteles, o a *alguien* que iba vestido con una toga. Había muchos asistentes que no parecían familiares para nada, y otros a quienes David reconoció pero a quienes no podía asignarles un nombre.

Unos pocos, no obstante, eran muy obvios. Descendieron por las gradas y se esparcieron en los asientos. Reconoció a Eleanor Roosevelt. Algunos hablaban en voz baja entre dos o tres, otros contemplaban curiosamente a David, y varios hicieron contacto ocular. Louis Armstrong sonrió, lo mismo que Fred Rogers. David sonrió a su vez. Vaya. Él y Jenny habían pasado buena cantidad de tiempo juntos en el *Barrio de Mister Rogers* cuando ella era pequeña.

Había personas de todas las nacionalidades y vestidos. Diferentes períodos de tiempo eran evidentes por sus ropas y estilo de peinado. David vio a varios reyes y reinas, lo que le impulsó a pasear su mirada con más detenimiento por la multitud que crecía. Se sorprendió que no estuviera más representada más realeza. Norman Vincent Peale parecía fascinado por algo que Martín Lutero King Jr. estaba diciendo. Observó cómo King se alejaba y se sentaba en la segunda hilera detrás de un anciano de cabello blanco que llevaba pantalones de mezclilla y camiseta.

David oyó que alguien decía su nombre y se dio la vuelta para ver a Cristóbal Colón agitando las manos frenéticamente y señalando hacia sí mismo, como diciendo: *¡Aquí estoy!* David sonrió y agitó la mano a su vez.

Las voces de los reunidos se apagaron mientras David se daba cuenta de que la atención de todos estaba en él. El darse cuenta de eso, también se dio cuenta de que una gota de sudor empezaba a correrle por la frente. —¿David Ponder? —oyó que Gabriel decía, y cuando él miró, el arcángel le hizo señas hacia el otro extremo de la mesa. Cuando se dio la vuelta, David vio que Winston ya había tomado su asiento. Se apresuró hacia donde estaba el primer ministro británico y rápidamente tomó el asiento a su lado. Ambos hombres estaban donde habían estado antes.

—A la cabeza de la mesa —dijo Churchill entre dientes—. Siéntate a la cabeza de la mesa.

David mantuvo sus ojos en Gabriel pero sacudió su cabeza para decirle que no a Winston, que pareció horrorizado. Gabriel levantó una ceja pero no dijo nada. Inclinándose ligeramente hacia adelante y poniendo las puntas de sus dedos sobre la mesa frente a él, el arcángel empezó a hablar. —Bienvenidos, Viajeros. A algunos de ustedes, ya los conozco; a muchos, no. Pero a todos ustedes, los saludo. Estamos reunidos aquí a fin de que la humanidad pueda tener una oportunidad final de enderezar su barco, alterando de este modo la dirección que los seres humanos han escogido, muchos por configuración básica.

El arcángel miró a David. —Como todos lo saben, el tiempo mismo está pasando veloz. —Se dio la vuelta y extendió el brazo. De un anaquel vertical de madera que David hubiera jurado que no estaba en el salón pocos minutos atrás, Gabriel sin esfuerzo tomó un enorme reloj de arena dorado y se dirigió hacia los hombres sentados para colocarlo en medio de la mesa.

—En el período que concede este reloj —les dijo Gabriel a todos los presentes—, ustedes deben contestar correctamente la siguiente pregunta. —Sacó un pequeño pergamino de su manto y leyó—: ¿Qué tiene que hacer la humanidad, individual y colectivamente, para volver a colocarse en la senda hacia una civilización exitosa?

David vio que varios al alcance de su mirada fruncían el ceño. Él no estaba seguro de entenderlo tampoco. —Discúlpame —dijo—. Gabriel, ¿la pregunta es en cuanto al éxito? ¿Cómo lograr el éxito nosotros mismos? Cómo... ¿económicamente?

¿Cómo personas? Pensé que esto sería algo más profundo. No estoy seguro de comprenderlo.

Si fuera posible que una expresión facial mostrara paciencia e impaciencia a la vez, eso fue precisamente como Gabriel pareció. —Concuerdo con tu última declaración, David Ponder. Por bastante tiempo, como simple siervo, he confiado que Él entendía ese hecho en cuanto a ti; que tú, como elocuentemente lo has expresado, «no lo comprendes». Tal vez tú y Winston Churchill pueden dedicar algo del tiempo señalado para entender la pregunta antes de empezar el proceso de intentar responderla.

David no tuvo que preguntarse si *eso* era un regaño. Mantuvo contacto ocular con Gabriel y, en respuesta, simplemente asintió. Aspirando hondo, y colocando el pergamino sobre la mesa, y continuando en un tono más gentil, el arcángel dijo: —Estos son tus preceptos. Primero: Tú, David Ponder, como líder de esta asamblea, puedes pedir hasta cinco consejeros además de Winston Churchill; estos pueden ser pedidos uno a la vez, según sea necesario, diciendo en voz alta: «La cumbre solicita la asistencia de un Viajero».

»Estos cinco ya han sido escogidos, aunque al presente no tienen conocimiento de su posible participación y seguirán así hasta el momento en que sean solicitados.

»Segundo: Aunque tu tiempo tiene un límite, te instaría a que hagas uso de una breve pausa entre cada nuevo consejero a tu cumbre. Durante este receso, los Viajeros presentes son libres de conversar unos con otros sobre lo que se ha dicho y lo que piensan que debe ser la respuesta a la pregunta. Se da por sentado que en el tiempo que les concedas para el debate, ellos influirán en la contribución del próximo consejero a tu Consejo.

»Tercero: Durante esos recesos, ni tú ni ningún otro miembro de tu cumbre puede tener ninguna conversación o contacto de ninguna naturaleza con el grupo más grande, aunque ciertamente son libres de hablar entre ustedes. Como siempre, habrá un lenguaje común entre los Viajeros. El lenguaje de origen no importa. Cada uno entenderá al otro.

»Cuarto: Presumiendo que el tiempo se usará sabiamente, tendrás cinco oportunidades de responder correctamente a la pregunta. Puedes añadir Viajeros como consejeros a tu cumbre uno a la vez. Cada uno, si es necesario, debe ser llamado de inmediato después de cualquier respuesta incorrecta. De nuevo, tendrás cinco oportunidades para presentar una solución. Esa solución, David Ponder, debes presentarla tú o un portavoz que escojas. En ese momento te informaré del éxito o fracaso.

»Quinto y finalmente: Yo soy el árbitro. Se me ha dado la autoridad de presentar e imponer estos mandatos. Sin embargo, yo no permaneceré en este lugar contigo mientras proceden. Tú, David Ponder, puedes llamarme con las palabras: «Estoy listo con la respuesta». Gabriel hizo una pausa, y miró cuidadosamente los ojos de David. —¿Hay alguna pregunta en cuanto a tus pautas?»

—No —respondió David calmadamente.

Gabriel asintió. —La sabiduría es la clave, David Ponder. Has sido escogido para dirigir esta cumbre en un esfuerzo de resolver lo que, para la humanidad, se ha vuelto un profundo misterio. El arcángel hizo una pausa, como si decidiendo si decir más o no, y luego añadió—: La respuesta entera son dos meras palabras. Parte de mí desea avanzar y darte esas palabras, pero otra parte de mí siente desdén, sabiendo que Él ya te ha provisto de amplio conocimiento y oportunidad de evadir este momento por completo. Después de todo, David Ponder, ya no vives en el tiempo de la ley, sino de la gracia.

»Aunque tú no conoces a los hombres y mujeres reunidos aquí, ellos sí te conocen; y confían en que tu propia búsqueda de sabiduría te ha preparado para esta tarea. Ahora dirígelos en la búsqueda que determinará el futuro de sus descendientes».

Gabriel se alejó de la mesa. Nadie se movió. Ni una sola palabra se pronunció hasta que el arcángel casi llegó a la puerta. Entonces, rompiendo el silencio como el estruendo de cucharas sobre piso, Churchill tronó: —Ya hay un montón de arena en el recipiente inferior —Winston se puso de pie y se inclinó hacia adelante para inspeccionar el reloj de arena que había sido colocado frente a él—. La arena ha estado cayendo por algún tiempo. ¿No vas a volverlo a iniciar? ¿No vamos a empezar desde el comienzo? —Miró a Gabriel, que se había detenido al sonido de su voz.

Gabriel no dijo nada al principio, y David pensó que a lo mejor seguiría hacia su salida e ignoraría al primer ministro. Más bien, se dio la vuelta y respondió: —A nadie *jamás* se le permite volver al principio. Sin embargo, el comienzo del segundo acto es cuestión de decisión. Para cada persona, el segundo acto empieza cuando y si decide cambiar la dirección y tomar un nuevo curso. De todas las personas, tú Winston Churchill, deberías saberlo.

Todos le clavaron la mirada, silenciados por la verdad de sus palabras, pero Winston, nunca cohibido y siempre listo para interactuar con el arcángel, abrió sus brazos y preguntó: —Pues bien, entonces, ¿exactamente cuánto tiempo nos queda?

Antes de darse la vuelta rápidamente y salir por la puerta, Gabriel procesó lo que había oído. Inclinando su cabeza lentamente, con sus ojos azules como hielo, dijo: —Buena pregunta. Exactamente ¿cuánto tiempo te queda?

———◆———

Al cerrarse la puerta, hubo un murmullo entre los reunidos, pero mientras Winston volvía a sentarse, todos quedaron callados. —Supongo que debemos empezar —le dijo en voz baja a David.

—Suena como que debemos —respondió David—. ¿Entiendes *tú* la pregunta?

—En realidad, como tú probablemente también sentiste, la pregunta me pareció bastante clara y directa —admitió Winston—. Sin embargo, la respuesta impertinente del alado a tu propia pregunta me lleva a temer que la respuesta, tal vez, es mucho más complicada de lo que primero pensé.

David asintió con la cabeza. —Estoy de acuerdo. Así que antes de llamar al primer participante, estudiemos la pregunta.

Tomando el pergamino que Gabriel había dejado sobre la mesa junto al reloj de arena, Winston se lo entregó a David. —Léela de nuevo —dijo.

Mirando brevemente a la asamblea de Viajeros, que escuchaban absortos, David leyó en voz alta de modo que todos pudieran oírlo: —¿Qué tiene que hacer la humanidad, individual y colectivamente, para volver a colocarse en la senda una hacia la civilización exitosa? —Mirando a Winston, añadió—: ¿Ideas?

Con un cigarro sin encender en la boca, Churchill respondió sin vacilación. —Tú y yo oímos la palabra *éxito* e hicimos una deducción errónea más probablemente envueltos en nuestra preocupación humana por el éxito como si se refiriera a ganancia monetaria. Me alegro de que eso saliera primero de tu boca —y sonrió secamente—. Nuestro árbitro no parece necesitar acicate adicional para demostrar que le desagrado.

David convino, pero no quiso decirlo. Más bien, continuó con un pensamiento en cuanto a la palabra que Winston había destacado. —La mayoría de personas tienen en mente cosas diferentes cuando se les pregunta: «¿Qué es el éxito?» versus «¿Qué es una vida exitosa?» Mirando al pergamino, notó: —La pregunta específicamente se refiere a una «civilización exitosa». Eso me señalaría que debemos probablemente ignorar la palabra *éxito* en lo que tiene que ver solo con dinero o posesiones materiales.

—Este sí... *solo* siendo la palabra clave en tu evaluación —insertó Winston—. El dinero debe ser una parte de eso, por supuesto. Con certeza una «civilización exitosa» debe ser próspera económicamente.

David concurrió y empezó a leer de nuevo el pergamino.

—¿Que tiene que hacer la humanidad; eso es todos nosotros, todos, individual y colectivamente. Así que, primero, eso nos dice que hay algo que *podemos* hacer. Segundo, que tenemos que hacerlo solos, por cuenta propia, y como grupo al mismo tiempo a fin de que sea efectivo. Nuestra respuesta debe reflejar esa condición.

—Sí —dijo Winston—. Bien notado. Está bien. Sigue. Las próximas palabras, «para volver a colocarse», nos llevarían a pensar que la respuesta no será nada nuevo u original. Por el contrario, «para volver a colocarse en la senda hacia...» indica que la senda ahora ha quedado abandonada.

David apretó los labios. —Y para abandonar una senda, uno tiene que haber estado en ella, para empezar.

—Precisamente —dijo Churchill con una expresión traviesa—. Las piezas, parece, están empezando a caer en su lugar.

No estando listo para pensar que estaban terminando con esto, la primera parte del enigma, David siguió. —Además, «para volver a colocarse en la senda hacia» implicaría que el problema es la *dirección* en que la humanidad se dirige. Y que estábamos, por lo menos en un tiempo, dirigiéndonos en una dirección más promisoria.

—El principio de la senda —dijo Churchill sin explicación.

—¿El qué?

—El principio de la senda —repitió Winston, masticando su cigarro—. Indica que la dirección, no la intención, determina el

ANDY ANDREWS

destino. Piénsalo. Ciertamente, la humanidad puede «intentar» todo lo que quiera. Sin embargo, no es lo que *intentamos* hacer o si en algún momento *intentamos* hacer lo que resulta en una vida exitosa, o en este caso, una civilización exitosa. ¡No! Más bien, es nuestra senda; *esa dirección específica en la cual peregrinamos*, lo que en última instancia determina nuestro destino.

David continuó. —Y ese destino hacia el cual debemos esforzarnos es el de una vida exitosa, y no necesariamente una vida de éxito.

—Sí —dijo Winston, apretando los ojos—. Por consiguiente, a la luz de la pregunta, parecería que debemos trabajar hacia una civilización exitosa... no meramente una civilización de éxito.

Se quedaron sentados en silencio por un momento, cada uno contemplando el pergamino, dándole la vuelta a cada palabra vez tras vez, procurando asegurarse de entender la tarea que estaban a punto de emprender. Finalmente, fue Winston quien habló. —Interesante —dijo, y respiró hondo. Fijando los ojos en David, dijo: —Pues bien, amigo mío. Permíteme hacerte una pregunta: ¿Qué tiene que hacer la humanidad, individual y colectivamente, para volver a colocarse en la senda hacia la civilización exitosa?

David sonrió: —Esa es la pregunta, ¿verdad?

—Sí —dijo Winston—. Lo es. Y la respuesta, como debemos procurar recordar, son meramente dos palabras. Dos palabras. ¿Estás listo para empezar?

Mientras David respondía afirmativamente los dos notaron sonrisas en el teatro que los rodeaba. Todos parecían convencidos de que efectivamente habían descubierto todo significado oculto y que la sustancia de la pregunta ahora estaba completamente a la vista, lista para que se la conteste. Confiados en que la parte más dura de la búsqueda ya se había pasado, David se alistó para llamar al primer consejero, que, se sentía seguro, podría guiarles a la respuesta.

———◆———

—La cumbre solicita la asistencia de un Viajero.

Con esas palabras, David pareció haber puesto el teatro en movimiento. Después de un segundo de vacilación, los asistentes se volvían o inclinaban para ver quién se acercaría a la mesa. Varios incluso se pusieron de pie para mirar alrededor, la mayoría concentrando su mirada en las sombras, en donde era más difícil ver. Al principio David pensó que Juan Adams era el Viajero escogido, pero rápidamente se dio cuenta de que solo estaba cruzando el piso para hablar con Tomás Jefferson, que estaba sentado al otro lado.

David percibió que un murmullo recorría por entre los asistentes que empezó al extremo derecho y avanzó rápidamente por el teatro. Mientras él y Winston se ponían de pie, David se dio cuenta de que Juan Adams pasaba detrás de él y volvía a su asiento. Tratando de ignorar al segundo presidente de Estados Unidos que estuvo por un momento a su alcance, atisbó en la oscuridad en donde la atención de los Viajeros al extremo del salón indicaba que alguien se acercaba.

Al instante David vio a la persona avanzando enérgicamente por el pasillo. Con la cabeza en alto y llevando un vestido de tela blanca gruesa, y sus brazos estaban adornados con malla pulida brillante —eslabones pequeños de cadena eslabonada— de las muñecas a los bíceps. Botas de cuero y una vaina que llevaba una gigantesca espada completaba el atuendo.

Antes de que David notara alguna otra cosa, sin embargo, dos cosas atrajeron su atención. Primero, el traje blanco llevaba en el pecho un emblema de una gran cruz roja. Segundo, la persona que se dirigía hacia él era una mujer.

—Es la Doncella —murmuró Winston.

David asintió, porque él también la había reconocido. La confiada joven que ahora se había detenido frente a ellos era Juana de Arco, la Doncella de Orleans. —Bonjour, caballeros —dijo sin sonreír—. ¿Dónde desean que me siente?

—Bonjour, señorita —dijo David y le señaló la mesa—. Donde quieras.

Sin vacilación, ella rodeó por la cabeza de la mesa y escogió el asiento de la mitad, directamente frente a David. Antes de sentarse, Juana se quitó la vaina del cinturón con un movimiento experto y la colocó, con espada y todo, en la mesa delante de ella.

En edad se acercaba a los veinte. Su pelo corto, oscuro, había sido aclarado por el sol, y su color hacía que los ojos verdes de Juana parecieran más pálidos de lo que eran. Era una muchacha alta, David había observado cuando se acercaba, y ahora estaba sentada erguida como poste en su silla. No que eso determinara alguna diferencia, pero David también notó un conjunto de pecas esparcidas liberalmente en la cara seria de Juana.

David movió el reloj a un lado, habiendo visto que obstruiría la vista entre ellos tres. Notando el progreso continuo de la arena, trató de sacar de su mente la preocupación por el tiempo por el momento y volvió a sentarse mientras Winston y Juana se acomodaban.

Antes de que pudiera decir una palabra, Juana habló primero. —Me siento honrada de ser parte de este gremio, monsieur Ponder. Procuraré ser un componente productivo de esta búsqueda y dejar mis prejuicios fuera del proceso.

Los ojos de David se abrieron ampliamente. —¿Prejuicios? No entiendo.

Respondiendo ella dijo: —Aunque un lenguaje común ha sido engendrado entre nosotros en este lugar, el dialecto sigue siendo lo mismo. —Mirando severamente a Winston, añadió—: Y no me gusta tu acento.

—Ay, por amor de... —dijo Churchill entre dientes, entornando los ojos dramáticamente y buscando un cigarro en el bolsillo de su traje.

—¿Qué quieres decir? —preguntó David, confuso.

—Lo que ella quiere decir —dijo Winston con fingida paciencia—, es que mi voz para hablar, con su entonación del inglés antiguo, le da escalofríos... la pone a temblar. Indudablemente, la inflexión con que enuncio le trae recuerdos desagradables. —La expresión de David le dijo a Winston que su punto ni así era claro. Inclinándose hacia adelante, el primer ministro en voz alta susurró—: ¡Buen Dios, hombre, piensa! Mis antepasados la quemaron en la estaca en 1431.

Viendo reconocimiento en los ojos de David, Winston volvió su atención a su cigarro. Había sacado el encendedor Zippo y estaba a punto de disparar la chispa cuando captó la vista de Juana fulminándole del otro lado de la mesa. Miró de nuevo al encendedor y se quedó inmóvil. —Sí. Bien —dijo, aclarándose la garganta y metiendo el encendedor, junto con el cigarro, cuidadosamente de nuevo en su bolsillo—; mis disculpas, Doncella. —Y luego a David—: Adelante, entonces.

—Juana —empezó David—, ¿estás de acuerdo con nuestra evaluación de la pregunta?

—*Oui*, monsieur —contestó la muchacha—. Sí; y ya sé la respuesta.

Capítulo 5

Cuando Juana de Arco inesperadamente anunció que ya había resuelto el dilema, los dos hombres frente a ella se enderezaron en sus asientos. Winston tartamudeó mientras David extendía una mano para tranquilizarlo, dirigiendo su plena atención a la joven. —¿Dices que ya sabes la respuesta?

—*Oui.*

David y Winston se miraron el uno al otro. David preguntó: —¿Estás segura? ¿Has hablado con alguien más?

—*Non* —dijo Juana—. No. No hablé con nadie más, pero la respuesta es obvia. La respuesta es «esperanza». —Extendió la mano, recogiendo el pergamino de la mesa y leyó—: ¿Qué tiene que hacer la humanidad, individual y colectivamente, para volver a colocarse en la senda hacia la civilización exitosa? La respuesta es «esperanza». La humanidad ha perdido la esperanza, y para volver a colocarse en la senda hacia la civilización exitosa, hay que restaurar la esperanza misma. Esperanza; o, para dos palabras... «restaurar esperanza». —Con eso, tiró el pergamino de nuevo a la mesa y añadió—: Llama a Gabriel ahora y dale la respuesta.

Los tres se quedaron mirando el uno al otro momentáneamente antes de que David, dándose cuenta de que había estado conteniendo la respiración, exhaló lentamente como silbando. —No te falta confianza, ¿verdad? —comentó, echando un vistazo al reloj de arena—. Todavía tenemos abundante tiempo. No llamemos a Gabriel todavía. Sugiero que sometamos esta posibilidad a prueba con cuidado antes de presentar una respuesta definitiva.

Juana asintió con la cabeza. Oyendo a Winston contener una risita, David se volvió y le dio una mirada interrogante. Churchill levantó la mano fingiendo rendirse y sonrió. —No, no —dijo—. Estoy contigo. Yo también pienso que debemos debatir el asunto a cabalidad. Es simplemente que mi respuesta, si me hubieras presionado para que la diera, hubiera sido idéntica a la de la Doncella. Restaurar esperanza. Pienso que ella tiene razón.

David sacudió su cabeza y respiró hondo. —Admito que a mí también me suena bien. Así que hablemos. ¿Juana? Tú primero. ¿Cómo llegaste hasta esta conclusión?

—¿Conoces mi experiencia, monsieur? —preguntó en respuesta. Al no recibir una respuesta inmediata, añadió—: Tal vez esa pudiera ser la manera de revelar el camino a mi respuesta.

Perfecto, en realidad —le dijo Winston a David. Hizo una indicación a Juana con su cabeza y dijo—: Después de todo, la suya es la única experiencia de una vida humana que nos viene bajo juramento.

—¿Qué quieres decir? —preguntó David.

—Los registros oficiales de su juicio en 1431 —explicó Churchill—, y el Proceso de Rehabilitación, y testimonios de testigos oculares y documentos que demostraban su inocencia, de varios años más tarde continúan preservados en los Archivos Nacionales de Francia. Los he visto con mis propios ojos. Los registros son extensivos y detallan los hechos de su vida con asombrosa totalidad. —Winston se volvió a Juana—. Pero consideraría un honor oírlo todo de ti.

Ellos escucharon embelesados mientras entre la concurrencia en el teatro no se oía ni volar una mosca. Respirando hondo, Juana empezó: —Nací el 6 de enero de 1412, en Domremy, un pueblito diminuto en el norte de Francia. Éramos campesinos; no indigentes, sino sencillamente pobres. Mi padre y madre, Jacques e Isabel, estaban casados legalmente. Menciono esto solo porque ese no era siempre el caso en esos días. Con mis tres hermanos mayores y una hermana menor, yo cuidaba las ovejas y trabajaba en el huerto.

»Esto fue durante el tiempo que ustedes ahora llaman la Guerra de los Cien Años. Por casi ocho décadas —Juana hizo una pausa y, sin el menor atisbo de amabilidad, miró directamente a Winston—, los buitres ingleses destrozaron nuestra carne».

Volviendo sus ojos a David, continuó. —Los ejércitos franceses estaban en caos. Estaban tan desmoralizados por las derrotas implacables que la mera llegada de un ejército inglés era suficiente para hacer que los franceses emprendieran la retirada.

»Fue a mediados de 1424. El momento en que Gabriel se me apareció por primera vez, yo estaba sola, sacando agua del arroyo».

—Espera —interrumpió David—. ¿Gabriel? Yo también he leído de ti, Juana. En todo relato se indica que tú veías visiones y oías voces.

Juana frunció el ceño ligeramente, con una expresión de impaciencia en su cara. —Por supuesto los escribas anotaron visiones, monseiur. ¿Cómo les explicaste *tú* a *tus* contemporáneos que te habías convertido en un Viajero?

Tomado de sorpresa, David miró de reojo a Winston y contestó: —No lo hice. No le dije a nadie excepto a mi esposa. —Winston sacudió su cabeza, indicando que él no se lo había dicho absolutamente a nadie.

—¿Te creyó tu esposa, monsieur?

—No —admitió David—. Por largo tiempo.

Todavía con la mirada echando chispas, pero no tan ferozmente, Juana dijo. —Pues bien, a mí tampoco nadie me creyó. Yo tenía doce años. Gabriel me acompañó en mi viaje y, durante el mismo, me informó que un día yo levantaría el asedio de Orleans a favor del duque y traería al delfín, Carlos, a Reims para su coronación como rey.

»Cuando regresé de mi viaje, les conté a mis padres lo que había sucedido. Les hablé de Gabriel y de los comandantes militares que había conocido en mi viaje. Les dije que había hablado con Santa

Catalina y Santa Margarita. —Juana hizo una pausa y sacudió su cabeza con irritación—. Por supuesto, mi familia se lo contó a nuestros vecinos, y pronto todo el pueblo pensaba que yo estaba loca. Fue un error infantil. No debería haber dicho ni media palabra.

»Con todo, por los próximos varios años, Gabriel habló conmigo. Fui a otro viaje cuando tenía quince años. Luego, en febrero de 1429, el arcángel anunció que mi tiempo había llegado. Yo tenía solo dieciséis años pero me las arreglé para convencer a una escolta de soldados que me acompañaran en un viaje de once días por territorio enemigo a la corte real en Chinón. Allí le presenté mi plan al delfín, Carlos».

—¿Cuál era tu plan? —preguntó David.

—Echar fuera a los ingleses, monsieur —replicó Juana como si fuera una pregunta necia.

Ignorando el tono de su voz, David hizo otra: —¿Cómo respondió Carlos a tu plan?

Juana se encogió de hombros. —Él también pensó que yo estaba loca; pero me dio tropas. El delfín sabía que nosotros, los franceses, su padre y su abuelo, habíamos estado bajo la bota inglesa por tres cuartos de siglo. En realidad él no tenía otra alternativa. Muy sencillamente, yo era su última —Juana hizo una pausa y alzó el mentón— esperanza.

David y Winston intercambiaron miradas. —¿Qué, entonces? —preguntó David.

—Partimos. Dirigí al ejército a Orleans. Llegamos el 29 de abril. El asedio de la ciudad había durado siete meses. Tomamos la fortaleza inglesa en nueve días.

David enarcó sus cejas y miró a Winston, quien asintió.

—Derrotamos a la fortaleza construida alrededor de la iglesia de San Loup el 4 de mayo. El 6 de mayo tomamos la fortaleza de los agustinos, seguido de Las Tullerías el 7. Los ingleses levantaron el asedio y se retiraron al día siguiente.

»Estas victorias precedieron nuestra expulsión de los ingleses en Jargeau el 12 de junio, Meung-sur-Loire el 15, y Beaugency el 17. Al día siguiente, 18 de junio, los ingleses perdieron ante nosotros más de la mitad de su ejército de campo cerca de Patay.

»Después de aceptar la rendición de la ciudad de Troyes, y todo otro pueblo en el camino, dirigí a los hombres a Reims el 16 de julio. Carlos fue declarado *rey* Carlos VII. A la siguiente tarde, yo estuve a su lado para la coronación».

Winston se aclaró la garganta. —¿Pudiera preguntar, Doncella...? —empezó, y ella le hizo una seña para que continuara—. En ese tiempo, durante tu conquista extraordinaria de los ejércitos ingleses —hizo una pausa para aclararse de nuevo la garganta, tratando de decir con mucho tacto lo que estaba a punto de decir— en el fragor de la pelea, ¿te acompañaba nuestro amigo Gabriel?

—No —respondió ella, ¿y cuando lo hizo?, Winston y David asintieron como si ambos hubieran estado preguntándose lo mismo—. No —repitió ella—. Miguel.

—¿Cómo dijiste? —preguntó David

—Miguel —repitió ella—. Gabriel me acompañaba en mis viajes. Gabriel me informó de mi destino. Fue Gabriel quien predijo la esperanza que yo llevaría a una causa sin esperanza —Sus ojos verdes se cerraron un poco—. Pero Miguel me ayudó en la batalla.

—¡Ah, vaya —dijo Winston, abriendo grandemente los ojos.

—Miguel, ¿el otro ángel? —le preguntó David a Winston.

—Miguel, el otro *ar*cángel —le corrigió Winston, sacudiendo su cabeza, con los ojos abiertos ampliamente en asombro—. Miguel, santo patrono del guerrero, comandante en jefe del ejército de Dios. Ay, vaya. Eso explica mucho. Una niña de dieciséis años aplastando el poderío militar de Inglaterra y todo eso.

Los dos hombres volvieron a dirigir su atención a Juana, que esperaba con paciencia. —Esto no es información nueva —dijo ella—. Busquen en sus archivos. Lean los libros. Todo está allí.

Yo se los dije a todos. Se los dije cuando tenía doce años, y lo dije cuando estaba en mi juicio. «Gabriel y Miguel», dije. «Gabriel y Miguel». Nadie quiso creerme.

—Tengo curiosidad —dijo David con cuidado. Mirando alrededor, vio que todo el teatro estaba absorto, esperando la pregunta que pensaban casi seguros que él haría—. ¿Dónde estaban Gabriel y Miguel cuando tú fuiste...

—¿Cuando finalmente me capturaron los ingleses? ¿Cuando el rey Charles rehusó rescatarme? ¿Dónde estuvieron Gabriel y Miguel cuando me quemaron viva? —terminó Juana

—Sí —dijo David suavemente—. ¿Dónde estaban ellos?

De súbito, la cara de Juana se suavizó y explicó, tropezando al principio. —Miguel estaba terriblemente furioso, monsieur. Él me había protegido por tanto tiempo. Miguel pidió permiso para matarlos a todos pero se le ordenó que se retirara. Gabriel... Gabriel estaba conmigo. Él estuvo conmigo en la estaca. Él sabía... y yo sabía... que mi destino, mi propósito, requería ese momento; y no tengo el menor remordimiento.

Juana se quedó en silencio por un momento, y luego cerrando algo los ojos, dijo: —¿Has leído de mi muerte, monsieur? ¿Cómo se la hizo? ¿Las palabras que dije cuando exhalé mi último suspiro?

David sacudió la cabeza. No lo había leído.

—Hazlo cuando vuelvas a tu tiempo —dijo ella—. Todo lo que hacemos mientras estamos vivos, todo lo que decimos, es importante. Y aunque a veces es difícil, la muerte es parte de la vida. A veces lo *último* que hacemos... lo *último* que decimos... importa más. A menudo, es todo lo que alguien recuerda.

»Mi vida fue escogida para llevar esperanza a mi pueblo. La esperanza es básica, como pan y agua; uno no puede vivir sin ella, por lo menos no por mucho tiempo».

Winston se dirigió a David: —Es la primera tarea de un líder, como sabes... mantener viva la esperanza. —Luego, a Juana, dijo—: Gozas de mi mayor respeto, Doncella. Aunque fueron mis antepasados a quienes expulsaste, tu causa era justa y verdadera. Debido a tus acciones, esa hebra de esperanza ha continuado sin interrupción por siglos. Ahora eres la santa patrona de los soldados; ¿lo sabías? Eres la santa patrona de los prisioneros, de los mártires, y del Cuerpo Femenino del Ejército; inclusive eres la santa patrona de toda la nación de Francia. ¿Por qué? Porque todavía, bella Doncella, inspiras esperanza.

—Gracias, señor —dijo Juana—. Desde el principio de mi búsqueda, sentí que eso era mi deber más alto. Muchos han dicho que mi valentía explica nuestro éxito, pero fue la esperanza. La esperanza es la capitana de la valentía y la autora del éxito; porque la persona cuya esperanza sigue inconmovible tiene dentro de sí el poder de hacer milagros. La esperanza ve lo invisible, palpa lo intangible, y logra lo que la mayoría considera imposible.

David dijo: —Esta debe ser la respuesta. Cuando perdí todas mis posesiones terrenales, lo único que nunca perdí fue la esperanza. —Pensó por un momento y luego añadió—: Es solo por la esperanza que perseveramos. Nuestras vidas pueden estar azotadas por oleadas de adversidad... podemos estar ahogándonos en el aluvión de la impotencia, pero con una esperanza fuerte, continuamos la búsqueda para hallar un camino cuando toda la evidencia grita: «Ríndete».

—Por mucho tiempo he creído —dijo Winston—, que no hay situaciones sin esperanza; que hay solo personas que han llegado a sentirse impotentes al respecto. Cuando resultó que mi diminuta nación isla estuvo sola en el mundo... —Winston hizo una pausa. Ya no estaba mirando a Juana, ni a David, sino con los ojos fijos en la mesa, como perdido en los recuerdos.

—Cuando los nazis habían consumido Europa, y Estados Unidos todavía no había dado un paso al frente, fue la esperanza, y solo la esperanza lo que me permitió animar a mis compatriotas. Fue la esperanza que dijo: «Lucharemos en las playas. Lucharemos en los muelles. Lucharemos en los campos y en las calles. Lucharemos en las colinas y jamás nos rendiremos».

Nadie se movió. Finalmente, Winston parpadeó y sacudió su cabeza ligeramente. —Lo lamento —dijo—. Parece como si fuera ayer. Mi punto es, supongo, que mientras hay aliento, hay esperanza.

—Y eso, monsieur —dijo Juana, sonriéndole por primera vez a Winston—, es la prueba de la esperanza.

—¿Qué, Juana? —preguntó David—. ¿Qué es la prueba de la esperanza?

—Que tú respiras —respondió ella—. Porque si tienes aliento, todavía estás vivo. Y si todavía estás vivo, eso quiere decir que no has logrado aquello para lo que fuiste puesto en la tierra, eso significa que el propósito de tu vida todavía está por lograrse. Si tu mismo propósito todavía está por cumplirse, ¡eso es prueba de que la parte más importante de tu vida está delante de ti!

»¿No lo ves? Si la parte más importante de tu vida está en el futuro, entonces no importa cuántos años tengas o cuán enfermo estés. No importa cuánto miedo o cuán deprimido puedas sentirte, o cuán indigente puedas estar. En virtud del hecho de que todavía respiras, hay más por venir. Hay más risa, y aprendizaje... más victorias. Hay más. Esta es la prueba de la esperanza, monsieur.

Winston asentó sus palmas sobre la mesa y se puso de pie. A Juana le dijo: —Tenemos contigo una deuda de gratitud, Doncella. Tú nos traes esta respuesta: esperanza; que demuestra ser el fruto abundante de una vida muy fructífera. Porque tú viviste tu vida en el tiempo más perverso, más brutal de la historia; la Edad del Oscurantismo.

Churchill hizo una seña hacia Juana con la palma abierta y se dirigió al teatro. —Damas y caballeros, estoy más que asombrado por el milagro de una flor así y de tal terreno. —Mirando de nuevo a Juana, dijo: —Bella Doncella, me siento humilde en tu presencia, porque sé que fue el sudor, sacrificio y lágrimas de tu vida que prepararon el suelo para la primavera del espíritu humano.

A David y al público Winston terminó a plena voz. —¡Esperanza! Juana de Arco la vivió, y ahora, me parece, ella ha provisto la respuesta a nuestra pregunta. ¿Cómo va la humanidad a volver a colocarse en el camino hacia la civilización exitosa? ¡Restaurando la esperanza en unos y otros! ¡Restaurando la esperanza en el futuro! ¡Restaurando la esperanza en la humanidad misma! ¡Esperanza! ¡Esperanza!

El teatro estalló en aplauso, de pie, sorprendiendo a Winston, a David y a Juana, que con todo se alegraron de que todos estuvieran de acuerdo. ¡Restaurar esperanza, era en verdad la respuesta!

Cuando la ovación se apagó, David examinó el reloj de arena. —Todavía parece quedar abundante tiempo —dijo—. ¿Deberíamos seguir adelante y llamar a Gabriel?

Juana sonrió y asintió con la cabeza.

—Llámalo —dijo Winston.

Pensando por un instante a fin de recordar las palabras, con profundo alivio y con fuerte voz, David dijo: —Estoy listo con la respuesta.

A los pocos segundos la puerta de piedra se abrió, y con la luz brillante rodeándolo e iluminando el salón, entró Gabriel. Moviéndose al extremo vacío de la mesa, el arcángel habló. —Hola, Juana de Arco. Qué bueno verte. —Ella respondió de igual manera.

Ignorando por completo a Winston, Gabriel se dirigió a David. —Me has llamado dentro de un período asombrosamente corto de tiempo, David Ponder. Tengo ganas de oír lo que tienes que decir. Adelante, por favor.

—Está bien —dijo David, poniéndose de pie—. Tenemos lo que pensamos que es la respuesta correcta. —Juana se inclinaba hacia adelante, y David notó que Winston se había puesto un cigarro en la boca. No estaba encendido, pero el primer ministro tenía los brazos cruzados y sonreía con gran satisfacción de oreja a oreja.

—Gabriel —dijo David—. Creemos que es crucial que la humanidad no se preocupe más por lo que hemos intentado y que ha resultado en fracaso. Más bien, debemos concentrarnos en lo que es *posible* para que hagamos. Somos de la opinión que debemos restaurar en unos y otros la expectativa de lo *mejor* que la vida tiene para ofrecer: la paz espiritual, personal y profesional que reconocemos que nos ha sido ofrecida.

»Sabiendo que el que pierde dinero pierde mucho, el que pierde amigos o familia pierde más, pero el que pierde la esperanza lo pierde todo —David hizo una pausa— nuestra respuesta es que la humanidad debe restaurar esperanza, Gabriel. Restaurar esperanza».

Gabriel no había retirado sus ojos de David desde que David había empezado a hablar, y tampoco desvió su mirada ahora. —Tienes razón en tu evaluación de la esperanza, David Ponder —dijo el arcángel sin alterarse—. La restauración de la esperanza ciertamente es un componente necesario en la solución que buscas; pero ésa no es *la* solución.

»Tu respuesta, "restaurar esperanza" es incorrecta».

CAPÍTULO 6

David quedó aturdido. Mientras Gabriel salía del salón, se sentó sintiéndose débil. Juana había inclinado la cabeza, y Winston tenía la boca abierta, con su cigarro sin encender sobre sus piernas. Parecía que todos en el teatro hablaban a la vez. Nadie, parecía, había previsto esto.

David miró de nuevo al reloj de arena, y luego a sus compañeros en la mesa. Pocos momentos atrás se habían sentido confiados por la cantidad de tiempo que les quedaba. Por supuesto que eso fue porque estaban muy seguros de su curso.

—Debo pedir disculpas —dijo Juana a los hombres—. Fue mi conducta precipitada, mi naturaleza insistente, que los ha puesto en esta posición.

—Pamplinas —declaró Churchill, tamborileando sus dedos nerviosamente sobre la mesa—. Yo también estaba firmemente en esa esquina.

—Como lo estaba yo —dijo David—. No es razón para que alguien se eche la culpa. Estoy seguro de que yo habría llegado a esa conclusión por mí mismo.

Juana sonrió agradecida. —La pregunta es —preguntó—, ¿qué hacemos ahora? Yo estaba en mi asiento entre el público cuando Gabriel planteó la pregunta. Estaba tan segura de mi respuesta que los mandatos se me escaparon.

—Tenemos unos pocos minutos para hablar sobre esto —dijo David—, antes de solicitar a nuestro próximo colega. —Señaló a los demás en el teatro que hacían cada vez más ruido y añadió—: Obviamente, ellos ya están discutiéndolo. Ninguno de nosotros, y por «ninguno de nosotros» estoy incluyéndolos a ellos, tienen el menor indicio de cual Viajero será llamado con la próxima llamada.

—*Espero* —dijo Winston y luego se cohibió—. Perdónenme incluso por usar esa palabra en este momento particularmente sensible. Permítame refrasearlo. En consideración a nuestros compatriotas que están tan ensordecedoramente rodeándonos, *optimistamente sostengo la posibilidad* de que sus conversaciones presentes darán fruto.

—Así que démosles unos pocos minutos más —decidió David—. Por ahora, con solo nosotros tres... ¿cómo fue que erramos el blanco tan dramáticamente?

—Uh —gruñó Winston—. Nunca te preocupes mucho por errar el blanco. ¿Adónde vamos de aquí?

Juana cerró los ojos. Hablando lentamente, recordó: —Gabriel dijo que la esperanza era un componente necesario en la solución que buscamos.

—Eh, sí —musitó Winston, tratando de concentrarse a pesar del ruido que les rodeaba. Todos a la vez se distrajeron por la conmoción de una discusión entre Alberto Einstein y Tomás Edison. Muchos de los otros Viajeros también se detuvieron para observar.

—Enfoque, amigos míos —dijo Winston trayendo la atención de vuelta a su propia conversación—. La Doncella tiene razón. Si la «esperanza» es un componente necesario en la solución que buscamos...

David terminó el pensamiento. —Entonces nuestra respuesta no estuvo *totalmente* equivocada. Por lo menos de cierta manera, la esperanza es parte de la respuesta.

—O nos conducirá *a* la respuesta —añadió Juana—. ¿De qué concepto es parte la esperanza?

—¿Personalidad? ¿Intelecto? —propuso David.

—¿Liderazgo? —preguntó Winston.

Por los próximos minutos intercambiaron ideas, aportando tantas posibilidades como pudieron pensar, pero nada de lo que sugirieron obtuvo suficiente peso, y pronto se les acabaron las ideas. —En este punto —dijo David—, pienso que necesitamos conservar el concepto de la esperanza al rescoldo en nuestra mente. Recordemos que es una pieza confirmada del rompecabezas que encajará en la respuesta, pero pienso que ahora es tiempo de ir en una dirección diferente. ¿Estamos listos para llamar a nuestro próximo asociado?

Cuando Juana y Winston indicaron su acuerdo, David se puso de pie. Al instante, la concurrencia empezó a tranquilizarse. Benjamín Franklin agitaba su mano entre Edison y a Einstein, señalando a la mesa para indicar que el receso se había acabado. Los dos hombres, que parecían estar ajenos a todo excepto a lo que sea que habían estado debatiendo tan acaloradamente, volvieron al apuro a sus asientos. Franklin sacudió su cabeza, se encogió de hombros, y sonrió pidiendo disculpas a David.

Cuando todo se calmó por fin, David miró alrededor pero no desperdició tiempo. Con voz clara, dijo: —La cumbre solicita la asistencia de un Viajero.

Igual que antes, las cabezas se dieron la vuelta de un lado a otro, y los cuerpos cambiaron de posición, con todos ansiosamente esperando la revelación, porque eso es lo que parecía ser, del Viajero escogido. En la quinta hilera en la curva, a la derecha de la cabeza de la mesa, hubo un pequeño disturbio. De nuevo, la iluminación permitía que David viera solamente la mitad de los cuerpos en esa hilera mientras varios se ponían de pie. Pudo, sin embargo, distinguir la figura de un hombre alto que se movía hacia los lados de la fila, disculpándose al pasar frente a los que estaban de pie, procurando llegar al pasillo.

Al llegar al extremo de la fila, bajó un escalón. Ya en la luz, alzó la vista y sonrió a David. David sonrió ampliamente y se retiró de la mesa. Tenía la intención de saludar al caballero al pie

de las gradas, pero Winston lo retuvo del brazo. —Preséntamelo
—dijo—. No te olvides presentarme.

David trató de no reírse mientras amablemente desprendía de
su bíceps los dedos de Churchill. —Lo haré, Winston —dijo—.
Él se sentará a la mesa con nosotros. —Para entonces, el hombre
alto estaba bajando por las gradas, y en pocos segundos David
tenía su mano derecha firmemente estrechando la suya.

—Te andaba buscando en la multitud, señor —dijo David—.
Sabía que estabas aquí. Es maravilloso verte.

—Es bueno verte a ti también, David —respondió el hombre—. Tú eres la persona justa para esta tarea.

—Gracias, señor. Ahora mismo, me siento extremadamente
agradecido que estés aquí para ayudar. —David se volvió a los
demás, y dijo—: Juana, Winston, permítanme presentarles al
presidente Abraham Lincoln.

Ambos se habían puesto de pie mientras el presidente se
acercaba, y con la presentación, Juana hizo una ligera venia lo
mismo que Lincoln. Churchill, por otro lado, se movía sin parar.
No sabía exactamente qué hacer. David quedó divertido al notar
que Winston parecía estar asombrado por Lincoln. Winston
Churchill, el hombre que salvó al mundo para la democracia en
el siglo veinte, ahora demostraba lo que más tarde lo describiría
como «encanto desenfrenado» por la oportunidad de conocer
a su propio héroe.

—Señor presidente —balbuceó Winston al estrechar la
mano del hombre mucho más alto que él—. Me siento honrado
más allá de toda imaginación al conocerte, señor.

—El honor es mío, señor Churchill —Lincoln empezó antes
de verse interrumpido.

—¡Winston! ¡Winston! Por favor, llámame Winston.

—Está bien, entonces —dijo el presidente con gracia—,
Winston será. Tomando nota de que Juana regresaba a su

asiento, Lincoln preguntó: —¿En dónde quieres que me siente, David?

—En donde quiera que te sientas más cómodo, señor —fue la respuesta. Cuando Winston finalmente le soltó la mano, Lincoln caminó por detrás y alrededor de la mesa para sentarse junto a Juana.

Ajustando su espigada figura en la silla, el presidente se dirigió primero a Churchill, que estaba directamente frente a él. —David y yo somos viejos amigos, por supuesto. La joven —dijo mirando hacia Juana—, me parece una amiga debido a las horas incontables que pasé leyendo sus aventuras. Pero tú, señor —dijo diplomáticamente, volviendo su atención a Winston—, me tienes en desventaja. Aunque el diferencial de nuestro tiempo te permitió la oportunidad de leer cualquier disparate que alguien consideró apropiado escribir en cuanto a mí, a mí no se me concedió el mismo placer.

Winston estaba a punto de decir algo, pero Lincoln levantó la mano y continuó: —Estoy consciente de tu estatura, por supuesto. Y después de llegar acá, se me ofreció la oportunidad ocasional de atisbarte, pero habiendo atravesado una guerra yo mismo, simplemente no pude hacer acopio del entusiasmo para presenciar otra. Debo decir, sin embargo, que tu reputación, como indiqué, es bien conocida, y me considero privilegiado de estar en compañía tuya.

Winston sonrió de oreja a oreja. —Gracias, señor. —Teniendo un pensamiento, se volvió y dijo—: David, sé que el tiempo es esencial, pero si me permites unos pocos segundos... —Dando por sentado que contaba con el permiso, Winston metió la mano en el bolsillo donde guardaba su encendedor Zippo y hurgó allí por un momento con su dedo del medio. Por fin, sacando lo que sea que había estado buscando, Winston esbozó una sonrisa algo corrida y dijo: —Señor presidente, he llevado esto conmigo por años; pero ahora, me sentiré honrado de presentártelo como regalo.

Lincoln miró intrigado. Lo que sea que fuera el objeto, debe haber sido pequeño, porque el primer ministro lo tenía firmemente empuñado en la mano, que reposaba sobre la mesa. David y Juana se inclinaron para ver mejor mientras Winston abría la mano.

—Esto, señor —dijo Winston—, es un centavo de 1909. Un centavo Lincoln, como lo llaman en Estados Unidos de América. Ese fue el primer año en que se acuñó. Conseguí esta moneda en particular por los canales apropiados: mi joven sobrino lo tenía en su colección, y yo lo tomé. —Todos se rieron.

—En cualquier caso, lo he llevado conmigo desde entonces. Me ha inspirado, porque tú me inspiras, señor. Y ahora quiero dártelo. —Con eso, Winston estiró la mano al otro lado de la mesa y puso el centavo firmemente en la mano del presidente.

David esperó hasta que Lincoln hubo expresado su aprecio y la moneda estaba en el bolsillo del presidente para llamar la atención de nuevo a la misión que tenían entre manos. —Señor presidente —empezó—, no podíamos ver dónde estabas sentado antes, pero ¿podemos dar por sentado que viste nuestra conversación y la subsiguiente línea de razonamiento que nos llevó a la primera respuesta?

—Sí —replicó Lincoln. Mirando a Juana, que estaba a su lado, dijo—: Y puedo añadir que yo, también, tenía confianza de la respuesta que presentaste. —Tragó fuerte y miró de nuevo a David—. Cuando Gabriel sentenció que tu solución era incorrecta... francamente, me sorprendió.

—Durante el receso —dijo David, atisbando brevemente a los que les rodeaban—, después de que Gabriel se fue, ¿captaste algo de lo que los otros piensan que la respuesta pudiera ser?

Winston y Juana estudiaron a Lincoln con atención mientras él respondía. —Pues bien —dijo él sin vacilación—, el grupo pequeño con quien yo estaba deliberando pareció concordar en «busca sabiduría». Algunos dijeron que había sido su primera opción; es, después de todo, una de las Siete Decisiones. Y que habiendo dicho esto, otros, incluyendo yo mismo, podíamos por cierto ver cómo «esperanza» pudiera ser una parte de lo que debería ser, en la civilización exitosa, una búsqueda vitalicia de sabiduría.

Lincoln paseó la mirada más allá de David y Winston, a los asientos. Volviendo a dirigir su atención a David, con un poco más de volumen su voz, dijo: —Se me ocurre que tal vez, si hay otro receso, nuestros amigos del público pudieran comunicarse más rápidamente unos con otros que durante el primer receso a fin de incluir un número más crecido de opiniones. De esa manera, quienquiera que sea escogido para unirse a nosotros en la mesa tal vez pudiera traer un consenso más firme que el que yo he logrado. —El presidente sonrió a sus compañeros en la mesa y continuó incluso más alto—. Sé que se supone que yo no debo comunicarme directamente con otros, pero eso sería muy bueno.

David oyó risitas contenidas por el teatro. Sonriendo, les dijo a los demás: —Está bien, entonces... sabiduría. Buscar sabiduría. ¿Qué piensan?

—Ciertamente debemos explorar esa posibilidad —dijo Winston, y Juana convino. Dirigiendo su pulgar hacia el reloj de arena, añadió: —Pero tal vez será mejor que aceleremos un poco el paso.

David se sintió tentado a decirle al primer ministro que acelerar el paso podría impedir que se le diera monedas a cualquier otro que llegara, pero lo pensó mejor. Más bien, preguntó: —¿Alguna sugerencia en cuanto a cómo pudiéramos probar esta propuesta como posible respuesta?

—Definámosla primero —dijo Lincoln—. ¿Juana?

—Yo soy joven —respondió ella—. Yo no soy sabia.

El presidente y el primer ministro intercambiaron una mirada de reconocimiento. Winston habló primero. —«Al buscar sabiduría, eres sabio; al imaginarte que la has conseguido, eres necio». —Aspiró ruidosamente—. No puedo recordar quién dijo eso, pero dije esas palabras hace poco. Ahora mismo. Todos me oyeron. Por consiguiente, me atribuyo el crédito.

Todos se rieron mientras Lincoln tomaba el pensamiento. —Los más sabios con quienes he estado no estaban impresionados para nada con su propia sabiduría. El sabio siempre parece estar *en busca* de sabiduría.

—Sí, pues bien —dijo Winston—, y no es eso la terrible mala suerte del mundo... imbéciles y extremistas siempre están muy seguros de sí mismos. El sabio siempre parece estar lleno de dudas.

—No dudas —dijo Juana—. Abiertos... buscando.

—Ah —sonrió Winston—. ¿Así que admites un ápice de sabiduría después de todo?

Devolviendo la sonrisa, Juana respondió. —No admito nada, señor. —Luego, dirigiendo los ojos al objeto que ninguno podía ignorar, dijo—: Pero sí creo que mientras más arena ha caído en el reloj de arena de nuestras vidas, más claro debemos poder ver a través de ello.

—¡Sí! —dijo Winston—. Los jóvenes saben las reglas. Los viejos saben las excepciones.

—Verdad —dijo David—. Es simplemente que conforme envejezco, menos probable es que me deje convencer del dicho de que la edad da sabiduría. Pero, de nuevo, supongo que una de las más grandes piezas de sabiduría que uno puede obtener es darse cuenta de lo mucho que no sabe.

—Lo que estimula más pasión por la búsqueda misma —añadió Lincoln—. Creo que es la *búsqueda* lo que es el secreto del sabio. Así que en este momento, sugiero una búsqueda, no de sabiduría, sino de *la sabiduría*. Puesto que parece que hemos dado en esto como respuesta probable, será mejor que conversemos al respecto antes de ofrecerla. —Miró a su alrededor.

—Convenido —dijo David—. Así que definámosla primero. De esa manera sabremos qué andamos buscando. ¿Qué es sabiduría? ¿Dónde está? ¿Cuáles son sus aspectos y características?

La mesa se quedó en silencio por un momento, cada uno dándole vueltas mentalmente a las preguntas de David. Juana alzó la vista. —La sabiduría se halla solo en la verdad —dijo. Todos asintieron.

Después de un momento Lincoln alzó la mano ligeramente como para pedir permiso para hablar, y dijo: —Yo opino que la sabiduría es la capacidad de ver, hacia el futuro, las consecuencias de las decisiones de uno al presente. El principio de la sabiduría, sin embargo, es simplemente desearla. —Encogiéndose de hombros, añadió—: El deseo inspira la búsqueda inicial, supongo.

Juana de nuevo. —Se necesita paciencia antes de que la sabiduría haga conocer su presencia.

—La sabiduría —tronó Winston—, empieza en el asombro.

—Nadie jamás fue sabio al azar —interpuso David—. Creo eso. ¿Y ustedes? Y nadie nace con sabiduría.

—Es verdad —dijo Lincoln—. Por eso la sabiduría en una joven —dirigió sus ojos hacia Juana— es rara en verdad. Cambiando de posición en la silla y cruzando una de sus largas piernas sobre la otra, prosiguió. —¿Qué tal esto? ¿Podemos decir que una característica del sabio es no hacer cosas desesperadas?

—Sí. Sí —exclamó Winston, dando palmaditas en la mesa—. Sí, la sabiduría es el atributo que evita que uno se enrede en situaciones en donde uno necesita sabiduría! ¡Ja!

Riéndose entre dientes, David preguntó: —¿Así que, quién es sabio? —Miró a Juana—. Pienso que ya hemos establecido el hecho de que los sabios son humildes. Pero, *¿quién es sabio?*

—La persona que lee es una persona sabia —dijo Churchill—. La persona que se las arregla para asociarse con sabios es sabio; quien con lobos se junta, y todo eso. La persona que cuestiona las opiniones es sabia. —Y como un pensamiento tardío, añadió—: Este... por supuesto, la persona que cuestiona un hecho es un papanatas.

Lincoln cerró un poco los ojos con un esbozo de sonrisa asomándose en su mostacho. —Tal vez por eso nuestros más grandes eruditos por lo general no son los más sabios. —Notando las cejas enarcadas alrededor de la mesa, comentó—: No me miren mal por el comentario. Solo estoy repitiendo lo que Geoffrey Chaucer dijo. Y él está sentado en la cuarta hilera, a mi derecha. —Lincoln sonrió y dirigió su cabeza en esa dirección—. Geoff es el caballero vestido con el traje color lavanda.

Después de que se hubo vuelto e intercambiado miradas con todos los demás (y notado que Chaucer le encantó la atención), Winston amplió lo que el presidente había dicho. —La gente confunde las dos cosas, como sabes: conocimiento y sabiduría. Podemos ser conocedores del conocimiento de otra persona, pero no podemos ser sabios con la sabiduría de otra persona. Es muy probable, después de todo, que la *educación* duerma y ronque en los archivadores de la mente de uno. Pero, ¡sabiduría! ¡La sabiduría está bien despierta! Y aunque pudiera ser cohibida y estar oculta, una vez que se la capta, la sabiduría es con mucho una amiga confiable.

Cambiando el tema, Juana sentenció intrépidamente: —No pienso que la edad venga con la sabiduría.

—*No viene* necesariamente —replicó Lincoln—. A veces la edad simplemente se aparece sola.

—¿De qué maneras adquirimos sabiduría? —preguntó David, intentando hacer avanzar la conversación.

—Lectura. Asociación. Ya he mencionado esas dos cosas —declaró Winston.

—¿Gracias a momentos de meditación a solas? —sugirió Lincoln.

—Sí, tiempo a solas —afirmó Juana—. Programar segmentos pequeños de tiempo para la reflexión concentrada.

—Imitación —sugirió David—. Esta puede ser la manera más fácil de adquirir sabiduría, pero *es* lo que hacemos después de leer de las vidas de los sabios o después de asociarnos con los sabios. Imitamos la conducta que hemos observado.

—Bien dicho —afirmó Lincoln—. Y, es verdad. Yo me crié en la zona rural de Kentucky. Ni siquiera fui a la escuela para recibir educación formal. Por consiguiente, mis escritos, mi manera de hablar, la forma cómo aprendí a presentarme yo mismo... en su mayor parte, ha sido un proceso de imitación.

—Experiencia —dijo Winston—. Hay un viejo adagio que dice: «La experiencia es la mejor maestra». Eso no es enteramente verdad —dijo—. Pienso que la experiencia de *otros* es la mejor maestra. ¡Ja! Que ellos la atraviesen, digo. Yo mantengo un ojo vigilante. Si el agua está tibia, ¡entonces *me voy* a nadar! —Estiró su cabeza cómicamente hacia Juana, haciéndola reír, y dijo: —Como ves, querida joven, en la sabiduría del sabio, ¡hay un grado nada común de sentido *común*!

—Yo pienso que adquiero una gran cantidad de sabiduría simplemente al guardar silencio —dijo Juana.

Con ese comentario, de la oscuridad brotó una risa estruendosa. Volviéndose para ver si podía distinguir a la parte culpable, Winston dijo: —Eh, sí. Es dominio de la erudición hablar... la ventaja de la sabiduría escuchar. Yo puedo solamente dar por sentado con buen humor —le dijo a Juana, continuando sin respirar siquiera—, que tu comentario, aunque pertinente a la conversación y notorio bloque de construcción sobre el cual basaremos nuestra conclusión, no estuvo dirigido a mí.

Notando la expresión de inocencia de Juana y desesperadamente tratando de esconder su propia sonrisa, David dirigió el diálogo en una dirección diferente. —He estado repitiendo mentalmente nuestra pregunta —dijo—. Todo parece dirigirse al blanco. Por lo menos, nada que he oído me alejaría de «la sabiduría» como la respuesta. Permítanme plantear esta pregunta: ¿De qué maneras la sabiduría se hace evidente en una vida? ¿Cómo la usan las personas?

Lincoln pensó por un momento y luego señaló a un anciano en el teatro. —Ese es Miguel Ángel —le dijo a David mientras el anciano inclinaba la cabeza en reconocimiento—. Tal vez tú no lo hayas conocido, pero sí conoces su obra. Miguel Angel *esculpió* con sabiduría.

El presidente hizo una seña hacia una hermosa señora negra en la primera hilera. —Esa es Mahalia Jackson. Ella *cantó* con sabiduría. Y así Lincoln recorrió el salón, señalando a personas y diciendo: —Carlos Dickens escribió con sabiduría. Helen Keller enseñó con sabiduría. Rembrandt pintó con ella. Orville y Wilbur, más allá, se *imaginaron* con sabiduría.

»Pienso que la sabiduría, cuando se la acumula con el tiempo, conduce a personas ordinarias en direcciones increíbles. Mucho antes de que sus manos o voces produzcan grandeza, la sabiduría moldea sus mentes y corazones.

»Si tan solo somos pacientes y abiertos, la sabiduría nos alcanzará aun desde el patio trasero del Todopoderoso. Las montañas enseñan sabiduría. El sol y la luna modelan fidelidad. Los mares demuestran nuestra capacidad de cambio. Incluso la diminuta hormiga nos muestra en cuanto al trabajo en equipo, y dedicación, y frugalidad.

»La sabiduría es la capacidad de discernir. Es nuestra perspectiva de la vida; nuestro equilibrio, nuestra armonía. Sabiduría es nuestra comprensión de cómo funciona la vida, y en nuestro sentido de humor cuando no es así. La sabiduría es juguetona y atenta. La sabiduría escolta con buen juicio, calma la agitación... —Lincoln hizo una pausa y se aseguró de que todos los ojos estaban sobre él—; y si se le echa mano, la sabiduría simplemente puede restaurar a la humanidad a la senda hacia la civilización exitosa».

Con un silencio cubriéndolos, todos supieron que el momento había llegado para decidir. ¿Qué era la respuesta que presentarían? Ya habían fallado una vez. David miró el reloj de arena.

—No sé cuántos de ustedes observan el tiempo presente, pero de seguro parece que la humanidad no está comportándose con sabiduría ahora mismo —dijo.

Winston se tocó el labio inferior. —Siempre es el último recurso —dijo.

Lincoln sonrió y asintió, pero David preguntó: —¿Qué quieres decir?

Cruzando los brazos, Winston replicó: —Las personas y las naciones solo se comportan sabiamente cuando han agotado todas las demás alternativas.

David trató de no mostrar sorpresa, pero el pronunciamiento de Winston le pareció un punto de vista particularmente pesimista. En calma se volvió hacia Lincoln y preguntó: —Señor presidente, ¿concuerdas?

Lincoln tenía sus manos cruzadas sobre sus piernas. Tenía sus largas piernas cruzadas y la cabeza ligeramente inclinada. Estudiándose las manos, respondió lentamente. —Es insólito con cuán poca sabiduría la humanidad permite que se la gobierne.

—Eso es porque se requiere sabiduría para reconocer la sabiduría —dijo Winston tajantemente—. La música no significa nada si el público es sordo.

Las cejas se elevaron, pero nadie dijo nada. Entonces, todavía sin haber cambiado de posición, Lincoln lanzó un suspiro y dijo: —Pues bien, los primeros ministros y presidentes pueden ser los jueces de la tierra, pero es el pueblo el que juzga a los primeros ministros y presidentes. Pidamos en oración que ese pueblo sea sabio.

—Si no son personas sabias —dijo Juana con calma—, o por lo menos en la senda para llegar a serlo... entonces con certeza todo está perdido.

Quedaron en silencio de nuevo, cada uno envuelto en sus propios pensamientos, y sin embargo afanosamente reproduciendo lo que se había dicho, buscando en su mente lo que tal vez hubieran olvidado.

Finalmente David dijo: —¿Es eso, entonces? ¿Estamos todos de acuerdo? —Afirmado por todos en la mesa, David miró por el salón y vio caras serias y cabezas asintiendo.

David respiró hondo, hizo una pausa y contuvo la respiración, y luego dijo: —Estoy listo con la respuesta.

Como antes, la puerta se abrió de inmediato y Gabriel entró. Sin detenerse, el arcángel avanzó por el salón, deteniéndose solo cuando llegó al extremo desocupado de la mesa. Uniendo sus manos en una pose relajada, dijo: —Tengo anhelo de oír los resultados de este diálogo en particular, David Ponder. Confío en que Abraham Lincoln fue una adición bienvenida a tu búsqueda.

—Sí, Gabriel —contestó David—. Lo fue. Gracias. ¿Debo presentarte la respuesta ahora?

Gabriel señaló como un gesto el reloj de arena. —Cuando quieras —dijo—. El tiempo es tuyo.

De repente David se sintió intranquilo. Apenas un momento antes había estado tan seguro, tan confiado. Algo en ese reloj de arena —las arenas del tiempo persistente e incesantemente cayendo, sin que jamás se las pueda recuperar, lo debilitaron. Pero esta *debe* ser la respuesta, se dijo para sus adentros. Por pura fuerza de voluntad, David abrió su boca seca para hablar.

—Gabriel —dijo—, pensamos que una de las razones por las que la humanidad ha perdido su camino es nuestra dependencia de las normas sociales como plano de la vida. La gente ha dejado de preguntarse cuál fin pudiera resultar de ciertas acciones y hábitos. Nos apoyamos en tendencias culturales, inclusos en conducta de celebridades, para que actúen como brújula que guían las decisiones y conducta de nuestras vidas.

»Por consiguiente, creemos que para volver a colocarse en la senda hacia la civilización exitosa, la humanidad debe individual y colectivamente empezar a buscar sabiduría en nuestras vidas personales y profesionales; en nosotros mismos y en unos y otros. Buscar sabiduría. —David hizo una pausa y repitió: —Esa es nuestra respuesta. Buscar sabiduría».

—Sí, David Ponder —dijo Gabriel, y cuando esas palabras salieron de la boca del arcángel, David sintió que lo llenaba una sensación de alivio. La sensación, sin embargo, no duró mucho.

—Sí, todo lo que has dicho es verdad. Cada aseveración que dijiste es precisa en su alcance. Desdichadamente, tu respuesta a la pregunta es incorrecta. Sí, a fin de que la respuesta correcta produzca milagros, buscar sabiduría es un ingrediente esencial. Pero esa no es la respuesta.

Cuando Gabriel terminó de hablar, hizo una pausa, cruzó miradas con cada uno en la mesa, y salió.

Capítulo 7

Todo había quedado tan callado cuando Gabriel salió del salón que David en realidad oyó que la puerta de piedra se cerraba. Se sintió con frío y solo, aunque había otros alrededor suyo. Con sus codos sobre la mesa, tenía las manos plegadas delante. Cuando Lincoln alargó el brazo para oprimirle brevemente la muñeca, David apreció el gesto pero ni así supo qué decir.

Esa acción del Presidente pareció ser una señal al salón de que podían empezar a moverse y hablar. Mientras tanto, todos los cuatro en la mesa estaban estupefactos. Les faltaba la respiración; pero rápidamente recuperaron su compostura, y empezaron a hablar.

—Tal como estaba tan segura al creer que la esperanza era la respuesta —dijo Juana—, así estaba de convencida en cuanto a la sabiduría.

—Sí —gruñó Winston—. Yo también siento lo mismo. —Metiendo la mano en el bolsillo de su traje y sacando un cigarro, le dijo—: ¿Puedo fumar, señora mía? —Ella asintió con la cabeza. Cuando los otros dos hombres declinaron su oferta de acompañarlo, Winston se fue a un lugar equidistante entre la mesa y la primera hilera de espectadores. Era lo más próximo para «estar solo consigo mismo» como pudo arreglárselas, pero se puso a fumar y los otros lo dejaron solo. Evidentemente, al menos por un momento, estaba con un humor de perros.

David pasó al otro de la mesa, en donde Lincoln y Juana estaban todavía sentados. Allí, se puso sobre una rodilla y dijo:

—¿Me veo tan asustado como me siento en estos momentos?

—Sí —dijeron Juana y Lincoln a la vez, lo que hizo que se rieran nerviosamente. Winston no alcanzó a oír lo que se había dicho pero se enfurruñó mientras ellos se reían. Se dio la vuelta, y una gran nube de humo, como la secuela de un incendio forestal se elevó por sobre su cabeza. Era imposible distinguir el punto en que el escaso pelo cano de Churchill terminaba y empezaba el humo. A Juana le pareció terriblemente divertido, y empezó de repente a reírse ruidosamente.

Pronto David y el presidente se le habían unido. —Winston no apreciará nuestro talante —dijo Lincoln.

—No —convino Juana—. No le gustará. —Y por alguna razón eso les hizo reírse incluso más.

Finalmente, secándose las lágrimas de los ojos con un pañuelo, Lincoln dijo: —Necesitaba eso. Pienso que todos lo necesitábamos. Y el primer ministro estará bien. Todos tenemos maneras diferentes de lidiar con nuestro estrés. Algunos dicen que hay ocasiones cuando la risa no es apropiada. Yo pienso de otra manera. Pienso que la risa, especialmente cuando se la comparte con otros, es una medicina efectiva para la cabeza y el corazón.

»Después de que Willie murió... —Se volvió hacia Juana y explicó—: Willie era mi hijo de once años, —y continuó—. Después de que Willie murió, leí libros de chistes por semanas. Algunos pensaron que eso era ser insensible. Mary por cierto pensaba así, pero yo tenía que reírme; a veces lloraba *mientras* me reía; pero tenía que reírme, porque si no, la aflicción me hubiera hundido».

—¿Así que así es como Winston lidia con el estrés? —dijo mientras señalaba hacia el hombre que todavía estaba a solas.

Lincoln asintió. —Sospecho que sí. Observa. Predigo que estará bien en un momento. Pronto volverá a ser normal; —sonriendo ampliamente, añadió—, lo que quiere decir solo ligeramente menos gruñón que eso.

Después de participar en una última risa, los tres volvieron al asunto. —Confío en que los de la galería están siguiendo tu consejo de hablar unos con otros —le dijo Juana a Lincoln.

—Lo están —replicó, paseando sus ojos por la multitud—. Pero, ¿que tenemos *nosotros*? David, ¿alguna idea?

—Por alguna razón continúo explorando el pensamiento de lo que le falta a la humanidad... o ha perdido.

—¿Y qué piensas que pudiera ser? —insistió Juana.

—Si tuviera que responder en este instante —dijo David—, pienso que sería intrepidez... ¿es esa la palabra correcta? Algo le falta a nuestro liderazgo y a la manera en que conducimos nuestras vidas. —Sacudió su cabeza—. Ando dándole vueltas, pero el pensamiento se me escapa.

Winston volvió justo en ese momento y señaló alrededor del teatro. —Acércate al borde de los asientos como acabo de hacerlo, y uno puede oírlos hablar —dijo con una sonrisita—. ¿Es eso hacer trampas?

—Si fuera hacer trampas —Lincoln replicó con una sonrisita socarrona propia—, Gabriel nos habría puesto en un lugar en donde no pudiéramos oírlos sin quererlo. Él solo dijo que no debemos discutir nada con los otros. No nos dijo nada en cuanto a que no podemos escuchar.

Todos sonrieron, y David notó la mirada de Lincoln. El presidente tenía razón en cuanto a Winston. El primer ministro pareció haber vuelto a ser el mismo de siempre. —Así que, ¿qué es lo que están diciendo? —preguntó David.

Todos los cuatro estaban de pie ahora, y Winston se inclinó como en secreto. —Pues bien, al principio —dijo—, todos reaccionaron al regaño del arcángel como nosotros; sin querer creerlo. Hay un sentimiento de que la pregunta es un acertijo de cierta clase, que con certeza lo es. «Esperanza» y «sabiduría», habiendo sido rechazadas como respuestas y sin embargo confirmadas como una porción de lo que *abarca* la respuesta, han dado lugar a muchas teorías.

—¿Cómo cuáles? —acicateó Juana.

—La madre Teresa y C. S. Lewis piensan que «humildad» es la respuesta. Sin que sea sorpresa, Douglas MacArthur y María Antonieta discrepan. —Miró a Lincoln—. Tu gran amigo Federico Douglas efectivamente está presionando por «justicia», y no parece haber gran oposición a su argumento. Cleopatra y el doctor Schweitzer, junto con la poetisa Emily Dickinson están ganando adeptos con «amor» o «compasión», pero no parecen estar definiendo su tema más allá de lo obvio.

—¿Alguna otra posibilidad? —preguntó Lincoln.

—Pues bien —dijo Winston—, unos cuantos más están proclamando «fe» como la única respuesta. Considerando nuestra presente ubicación, consideré particularmente audaz que Mark Twain ruidosamente se refiriera a su aseveración como adulación.

Gradualmente, los cuatro se dieron cuenta que un silencio nada común se había cernido sobre el salón. Al mirar alrededor, excepto por unas pocas conversaciones esparcidas todavía teniendo lugar, la mayoría en el teatro miraban a una mujer como a la mitad de las hileras de asientos del lado donde David y Winston tenía sus sillas. Muchos asentían, y varios cerca de la mujer miraban a David y señalaban a la mujer. —¿Por qué la señalan? —preguntó David a los otros—. ¿Quién es ella?

—Ella es la dama piloto —dijo Winston—. Earhart. Gran persona. Hablé con ella la semana pasada. Experiencia asombrosa. No creerías lo que ella ha pasado.

Mientras David abría la boca para preguntar en dónde podría haber sido eso, Juana interrumpió. —Pienso que están señalándola porque ella tiene la respuesta; o por lo menos una respuesta con la cual ellos concuerdan.

—No preguntes —advirtió Lincoln—. Eso rompería las reglas. —Miró alrededor—. Casi todos parecen estar unidos con lo que sea que ella está promoviendo. Y sea que ese sea el caso o no, estoy seguro que podemos saberlo exactamente cuando llames al próximo Viajero.

—De paso —le dijo David a Lincoln y a Juana—, cuando pedí un Viajero, ¿cómo supieron que debían venir a la mesa? ¿Cómo supieron que habían sido escogidos?

—Oí la voz del arcángel —dijo Lincoln—. Él no estaba en el salón, por supuesto, pero sus palabras eran muy audibles, por lo menos para mí.

Juana confirmó la afirmación del presidente añadiendo: —Sí, fue exactamente como cuando era niña; Gabriel era la voz en mi cabeza.

David se encogió de hombros aceptando eso. Ya nada le parecía imposible o extraño. —Pienso —dijo, señalando las sillas mientras pasaba a la suya—, que es tiempo de probar de nuevo. Llegando a una posición detrás de su asiento y no habiendo recibido ninguna indicación al contrario de parte de los otros, David dijo: —La cumbre solicita la ayuda de un Viajero.

Esta vez un hombre se levantó de la primera fila. Había estado sentado a la izquierda de David y de Winston hacia el extremo del teatro. David había notado al hombre varias veces porque resultaba que estaba en la línea de la vista cada vez que Gabriel se paraba al extremo de la mesa.

El hombre era de elevada estatura, no tanto como Lincoln, pero más que David. Tenía cabello rojo oscuro que se abría a un lado y estaba peinado nítidamente hacia atrás por sobre la cabeza. Llevaba un traje gris con camisa blanca y corbata azul marino. Llegó a la mesa en un santiamén y había hablado con Juana, y estaba estrechándole la mano a Lincoln cuando David y Winston llegaron a él detrás de la silla a la cabeza de la mesa.

El ruido del público, que había sido más fuerte que cuando se llamó a los Viajeros previos, se apagó. —Señor Ponder, Primer ministro —dijo el hombre mientras estrechaba manos—. Eric

Erickson. Mis amigos me llaman Rojo o Eric... lo que sea que prefieran.

—Encantado de conocerte, señor —dijo David—. Por favor, toma asiento.

Mientras que Erickson seleccionaba la otra silla junto a Juana, David y Winston volvieron a sus asientos al otro de la mesa. La mente de David funcionaba velozmente. ¿Se suponía que debía conocer quién era este? Cuando el hombre se puso de pie, no había percibido reconocimiento inundando el teatro pero dio por sentado que con certeza él sabría el nombre del hombre. ¿Eric Erickson? ¿Rojo Erickson? No era ni remotamente familiar.

David rápidamente miró de nuevo al hombre. Su ropa no era especial de ninguna manera, pero tampoco eran harapos. Excepto por un anillo matrimonial, no llevaba ninguna otra joya. Su cabello rojo era algo tenue, alisado con crema o aceite, y peinado en un estilo que hacía obviar su progresiva calvicie. *Unos cincuenta*, pensó David. *Se ve como si ya tiene sus cincuenta; y a mí me parece que es como de la década de los años cincuenta.*

Tomando asiento, David no estaba seguro de cómo proceder. Miró a los demás. No hubo ningún indicio indicador en ninguna de las caras. David tomó el pergamino que contenía la pregunta. Pensó que debía fingir que lo estudiaba por un momento mientras decidía qué hacer. El salón contenía la respiración.

—Ese reloj de arena no está vaciándose más lento de lo que ha estado haciéndolo —le dijo el hombre con calma a David—. No hay mucho tiempo para juegos.

Asombrado hasta cierto punto, David alzó la vista para ver al hombre perfectamente tranquilo pero con una mirada de acero clavada directamente y sin vacilación en sus ojos. Dando un breve vistazo a los demás, David dijo: —¿Cómo dices? No estoy seguro de lo que quieres decir.

—Ninguno de ustedes sabe quién soy —dijo él tajantemente pero sin ninguna grosería—. En lugar de desperdiciar el tiempo figurándose cómo hacerme la pregunta, ¿por qué no simplemente me lo preguntan?

David pudo sentir que se sonrojaba. *¿De qué peregrina manera este hombre sabe exactamente lo que pasa por mi cabeza?* se preguntó.

Erickson esbozó una sonrisita. —No te abochornes porque yo sabía lo que estabas pensando —dijo—. Es simplemente una de las extrañas destrezas que tuve que cultivar con el correr de los años.

—David quedó azorado, pero se las arregló para devolverle la sonrisa a Erickson y le dijo: —Está bien, entonces. Pido disculpas por no estar familiarizado contigo. Por favor, ¿podrías ponernos al día?

Eric se inclinó hacia adelante y puso sus codos sobre la mesa. —Las disculpas no son necesarias. —Dirigiendo su atención a Churchill le dijo—: ¿Señor primer ministro? Nunca nos hemos visto cara a cara, y estoy seguro que tú nunca has visto una fotografía mía, pero en la correspondencia limitada que intercambiamos, te referías a mí como el «Caballero galante».

Por un largo momento, Churchill no dijo nada, y los otros simplemente observaban. Eric clavó su mirada con paciencia en Winston con una sonrisita, sabiendo que el anciano estaba a pocos segundos de recordar. Cuando lo hizo, Churchill no sabía si reírse, llorar, o sufrir un infarto.

Su cara palideció y su quijada cayó. Inadvertidamente, la parte superior de su cuerpo se movió hacia adelante como para mirar más de cerca al personaje que pensaba que nunca conocería. El labio inferior de Winston temblaba mientras parpadeaba. —No puede ser verdad.

Todos volvieron a mirar a Erickson, que contuvo una risita, levantó las cejas, y alzó sus manos un poco, sonriendo como si dijera: *Aquí estoy.*

—No puede ser cierto —dijo Winston de nuevo. Se levantó y avanzo dándole la vuelta a la mesa—. Señor —dijo emocionado—, me propongo estrechar tu mano. —Erickson se puso de pie para recibir al primer ministro y en efecto le estrechó la mano vigorosamente mientras Winston decía vez tras vez—: No puede ser cierto; ¡no puede ser cierto! —y finalmente—: ¡El Caballero Galante en persona!

David contempló este espectáculo con asombro y consternación, habiendo quedado más confuso que antes. Se había puesto de pie cuando Erickson se puso de pie para saludar a Churchill que se le aproximaba. Lincoln y Juana también se habían levantado de sus sillas, más para darle espacio a Winston que por otra cosa. Ahora todos estaban de pie de nuevo.

Churchill había retrocedido un par de pasos separándose de Erickson, y lo miraba con orgullo y afecto que le recordó a David cómo un padre pudiera haber actuado después de que su hijo de diez años anota su primer jonrón. —¡Mi excelente colega! —dijo—. Simplemente ni puedo creer que hayamos podido conocernos, que yo haya podido *conocerte*, por fin. ¡Y en estas circunstancias!

—¿Winston? —dijo Lincoln amablemente—. Tal vez deberías presentarnos de nuevo.

—¡Sí! ¡Sí! —convino Winston, y con entusiasmo señaló a Erickson, que pacientemente había soportado divertido la alharaca del primer ministro—. Amigos queridos, este es Eric Erickson, el «Caballero Galante» a quien, ahora que lo pienso, le debo mi propio espaldarazo. Ciertamente, no hay duda de que le debo la vida de mi querida Inglaterra. —Se volvió hacia David—. Señor, te declaro que tal vez le debamos a él la vida de Estados Unidos de América también. ¿Quién sabe qué rastrero giro pudiera haber tomado la historia si no fuera por este hombre nada común. —Winston de súbito tomó el brazo de Erickson y lo levantó al aire—. Amigos míos, les presento a Eric Erickson, el hombre que sin la ayuda de nadie fue responsable por derrotar la maquinaria nazi de guerra en la Segunda Guerra Mundial.

David no supo qué decir o hacer, pero mientras Erickson se soltaba del apretón de Winston, hubo una ligera ronda de aplausos entusiastas hacia arriba y a la derecha. Volviéndose para determinar la fuente, el grupo que estaba a la mesa vio a dos hombres de pie y aplaudiendo. Eran Dwight Eisenhower y el general británico Bernardo Montgomery, o Monty, que se habían puesto de pie, para darle una ovación personal de pie al recién llegado. Mientras miraban, Eisenhower, comandante supremo de las fuerzas aliadas y luego presidente de Estados Unidos de América, levantó el pulgar en señal a Erickson, quien esbozó una sonrisita corrida y devolvió el saludo con la mano.

Cuando todos volvieron a sus asientos, Erickson echó un vistazo hacia los dos generales, comentándole a Churchill: —Nunca antes los había visto, tampoco. —Winston se rió como si fuera el renglón más divertido que jamás hubiera oído.

—Alguien —declaró David—, simplemente debe contar la experiencia aquí. Que alguien me llene los espacios en blanco. —Juana y Lincoln expresaron su interés, y cuando Erickson pareció vacilar para hablar de sí mismo, Winston con gusto tomó la palabra.

—Permítanme empezar —dijo el primer ministro—, trayendo a la luz un hecho que parece que fue barrido bajo la alfombra de la historia. El público en general, hasta este mismo día, ha tenido la bendición de no saber cómo los aliados ganaron la Segunda Guerra Mundial apenas por un pelo. Estuvimos tan cerca de perder, de que los nazis nos aplastaran por completo, que me hace temblar hasta el tuétano... incluso hasta este momento.

David echó un vistazo a Eisenhower y a Montgomery, que solemnemente asentían con sus cabezas, y espetó: —¿Que casi perdimos? ¿Cómo es que nunca oí de esto?

Lincoln sonrió y miró a Churchill. Él sabía la respuesta y Winston lo confirmó antes de continuar. —¿Qué cómo es que no lo sabes? —preguntó—. Porque de ese hecho no se habla en tus libros de historia, mi muchacho. Y como bien lo sabes, la historia la escriben los ganadores.

»Siéntate tranquilo y escucha —continuó Winston. Respiró hondo y se inclinó para examinar el reloj de arena más de cerca. Churchill pareció confuso por un momento y le dio al cristal un golpecito con la uña. Frunciendo el ceño, se obligó a retirar su atención del reloj e hizo una seña hacia Erickson—. Debido a nuestra limitación de tiempo, voy a relatar esto lo más llanamente que pueda. Solo hechos; no voy a exagerar lo que sé, ni tampoco voy a especular sobre lo que no sé.

»Este hombre que tienen delante, Eric Erickson, es producto de Brooklyn, Nueva York. Nació en una familia paupérrima, y con todo surgió por las filas de la educación y arduo trabajo, subsiguientemente obteniendo un título en ingeniería de Cornell.

»Él trabajó en los campos petroleros de Texas por algunos años, luego para la empresa Standard Oil y varias otras empresas petroleras en Europa y el Lejano Oriente durante la década de los años veinte. Gregario por naturaleza, hacía amigos donde quiera que iba. Se casó con una maravillosa joven; y verán en un momento por qué la considero maravillosa a ella... —Winston se detuvo en el relato y se volvió para dirigirse a Erickson—. Señor, obviamente a mí no se me concedió otra designación que «Damisela despampanante». ¿Pudiera, en esta fecha tan posterior, saber su nombre?»

—Ingrid —dijo Eric—. Y ella está sentada allá arriba. Señaló a una mujer sentada junto a la silla vacía de la cual él se había levantado. Mientras todos alzaban la vista para mirar, Ingrid agitó ligeramente la mano, cohibida.

—¡Ingrid! —repitió Winston e hizo una venia lo más formal que pudo desde su posición sentada—. Es mi gran honor, estimada señora. —Volviendo su atención a Eric, dijo—: Por favor nota que nuestra gratitud es por igual para tu encantadora esposa.

Volviendo a mirar a los demás, Winston continuó. —En 1936, Eric puso en movimiento una serie extremadamente extraña de eventos, lentamente al principio, pero con frecuencia creciente en los próximos tres años. Para ese entonces, como extremadamente exitoso hombre de negocios, y de no pequeña fama, Eric se dispuso a echar por la borda la reputación que tan cuidadosamente había forjado toda su vida.

»Conforme Adolfo Hitler estaba llegando a ser conocido y aborrecido por todo el mundo, ¡Eric empezó a expresar *públicamente* su admiración por el hombre! En forma creciente proclamaba el genio de Hitler a todo el que quisiera escucharlo y señalaba orgullosamente las contribuciones significativas del führer al pensamiento correcto y a un mundo progresista. Y Eric se volvió abiertamente antisemita.

»Pronto, como pueden imaginarse, amigos y asociados de negocios empezaron a evadir a los Erickson. Esto fue especialmente notorio en 1938 después de que Eric ruidosamente insultó a un bien conocido hombre de negocios judío en un atestado restaurante. Esta degradación pública la hizo Eric usando insultos particularmente vulgares, ofensivos no solo para los judíos sino para todo el que tuviera conciencia. La diatriba quedó inmortalizada en un artículo en un periódico de amplia circulación que condenaba a Eric y a cualquiera que estuviera asociado con él. Esto, por supuesto, incluyó a su querida esposa, Ingrid.

»En cuanto a los demás familiares: padres, hermanos, hermanas, tanto como los familiares de Ingrid, repudiaron a Eric. Finalmente, cuando todo amigo que jamás había tenido se negaba a hablar con él, Eric Erickson hizo lo imperdonable. Formalmente renunció a la ciudadanía estadounidense. Él e Ingrid se mudaron a Suecia».

Con esas palabras, aun sabiendo que había más en el relato, David y Lincoln fruncieron el ceño, evitando contacto ocular con Erickson. Winston continuó: —Eric estableció su propia empresa exportadora de petróleo en Suecia pero no redujo el fervor o regularidad de sus opiniones públicas que ya habían hecho que lo marginaran en Estados Unidos de América. Pronto llegó a ser bien conocido en Suecia por su posición pro nazi; y también lo marginaron. La única diferencia fue que en Suecia, país oficialmente neutral, había algunos que no tenían temor de concordar abiertamente con él.

Winston puso su cigarro, que ya se había apagado, en la comisura de su boca y le dijo a Eric: —¿Todo correcto hasta aquí? —Cuando el pelirrojo indicó que así era, el primer ministro continuo—. Así que, con su reputación extendiéndose, no pasó mucho para que los hombres de la SD, es decir, la división de seguridad de la Gestapo acantonada en la Embajada en Estocolmo, contactara a Eric. «Alemania», le dijeron, «tiene una necesidad aguda de petróleo. Tú, uno de los más destacados expertos mundiales en cuanto a petróleo, pudiera ayudar grandemente la causa de la madre patria».

»Así que se hizo una propuesta cauta. "¿Estaría Herr Erickson interesado en promover los intereses del régimen nazi? También habría beneficios financieros más allá de lo normal...". Eric respondió con fervor de todo corazón.

»Eric rápidamente proveyó los negocios que los nazis estaban buscando y empezó a explorar con ellos una expansión de su industria del petróleo sintético. Alemania, en ese tiempo, era líder mundial en la complicada tecnología que se requería para producir petróleo sintético. Éste era un proceso que convertía el carbón en petróleo y obviamente eliminaba la dependencia nazi en petróleo importado.

»Nadie, ni los estadounidenses ni los británicos, podían obtener información confiable en cuanto a la ubicación de las refinerías alemanas. La seguridad, como pueden imaginarse bien, era rigurosa; y ridículamente efectiva. Además, las plantas de producción de petróleo sintético estaban también escondidas, que bien pudieran haber sido construidas bajo tierra. De hecho, ¡ja!, adelantándome un poco, allí es exactamente dónde estaban. ¡Bajo tierra! ¡Hasta la última condenada de ellas!

»Estas plantas de petróleo sintético estaban altamente avanzadas, al punto que la maquinaria nazi de guerra estaba en verdad empezando a cubrir *todas* sus necesidades con el producto de estos lugares ocultos.

»Ahora —dijo Churchill, aclarándose la garganta y esbozando una sonrisita diabólica—, allí es donde el cuento se vuelve interesante. A fines de 1942 el "Caballero Galante" arregló una reunión con el mismo Heinrich Himmler. Himmler, el mismo jefe de la Gestapo, ¡un calculador asesino en masa sin igual en los anales de la historia!

»Allí, en la propia oficina del psicópata, Eric propuso construir una gigantesca planta de petróleo sintético en la neutral Suecia. Tal fábrica, explicó, estaría a salvo de los posibles bombardeos aliados, y funcionando a máxima capacidad, en el caso de que las plantas alemanas quedaran dañadas o fueran destruidas, proveería todo el petróleo que Alemania necesitaría jamás.

»Eric proveyó planes de exportación ya aprobados por los hombres de negocios suecos y arreglos financieros con bancos ya firmados de parte de los bancos suecos. Todo lo que necesitaba, dijo Eric, era la aprobación de Himmler, quien tendría que recibir la aprobación del mismo Hitler. "¿Pudiera ser esto también una manera", preguntó Eric, "de que también se pudieran invertir fondos personales? La inversión personal de Himmler", sugirió Eric, "no solo aceleraría el proyecto, sino que también proveería ingresos para el jefe de la Gestapo acumuladas en bancos suizos si, Dios no lo quiera, las cosas salieran mal en el esfuerzo de guerra".

»Fue una propuesta brillante, por supuesto; genial, en realidad. Himmler abrazó por completo la idea, invirtió en ella personalmente, y con la aprobación de Hitler, ordenó que el proyecto empezara de inmediato. Por supuesto, para que Eric construyera una planta de petróleo sintético, y la construyera rápido —Winston extendió sus manos y abrió los ojos ampliamente con una expresión de inocencia—, era obviamente *crucial* que Eric se familiarizara con la tecnología alemana que se suponía que debía reproducir en Suecia.

»¡Ja! —Winston dio una palmada sobre la mesa—. Así que regresó a la cueva de la víbora. En la oficina de Himmler de nuevo, Eric consiguió un salvoconducto de la Gestapo a máximo nivel firmado por el mismo Himmler. El salvoconducto obviaba todas las autorizaciones y requisitos de seguridad y autorizaba a Eric a viajar por donde quiera en el Reich, e investigar cualquier refinería de petróleo o planta sintética que quisiera ver. El salvoconducto además indicaba que debía recibir cualquier información que pidiera de cualquier experto o personal de seguridad de las plantas. Eric también consiguió una orden, *firmada personalmente por Adolfo Hitler*, proveyéndole automóviles, choferes, e ilimitados cupones de petróleo.

»En las semanas y meses que siguieron, nuestro amigo aquí hizo una gira por casi toda refinería de petróleo y planta sintética de Alemania y los territorios ocupados. Obtuvo planes detallados de las operaciones. Consiguió mapas de la ubicación de las fábricas».

Winston echó un vistazo al reloj de arena e hizo una pausa. De nuevo, pareció ligeramente confuso por lo que sea que hubiera notado, pero sin decir a los otros exactamente lo que pudiera ser, dijo: —El tiempo está corriendo, amigos míos. Pudiera hablar todo el día en cuanto a esto. Podría escribir todo un libro al respecto, y alguien por cierto debería hacerlo.

»Baste decir que para 1943 las plantas alemanas, incluyendo las ubicaciones bajo tierra, empezaron a sufrir el persistente impacto de los ataques y bombardeos estadounidenses. —Los ojos de Winston hicieron un guiño mientras se entusiasmaba volviendo a su relato—. Y estos bombardeos no solo eran precisos en su adquisición del blanco, sino también misteriosamente con incursiones repetidas cuando la planta dañada se reparaba.

»En pocos meses, las provisiones de petróleo de las refinerías estaba agotándose; y para fines de 1944, la producción de petróleo sintético del Reich colapsó en su totalidad. Y así, en tanto que los aviones de la Luftwaffe todavía eran más numerosos que los nuestros... en tanto que sus tanques Panzer, y Tigres, y Panteras todavía superaban en cantidad a los nuestros, simplemente se quedaron sin combustible para operarlos. Aunque casi ni se sabe, pero cierto, el Messerschmitt 262, el primer avión caza jet operacional, ya había salido de la línea de ensamblaje. ¡Y en cantidades! Pero se quedaron en tierra por falta de combustible.

»En la batalla de Bulge los soldados alemanes construyeron murallas alrededor de sus tanques cuando se les acabó el combustible. La falta de combustible obligó a trescientas mil tropas alemanas a rendirse en el valle del Ruhr. En todo el Teatro Europeo, la guerra misma finalmente se detuvo en seco... porque el enemigo ya no podía moverse.

»Y todo eso debido a los esfuerzos de un Eric Erickson, el Caballero Galante que ahora está sentado ante ustedes».

En la pausa que siguió, Erickson se movió incómodo en su silla. David no supo qué decir. Estaba aturdido. Primero, por la valentía y altruismo que este hombre había demostrado en servicio de su país... de su mundo; y segundo, porque nunca había oído ni siquiera una parte de la experiencia de Erickson. A falta de otras palabras, David balbuceó: —¿Es esto cierto?

—¡Hasta el último detalle! —gritó alguien desde la multitud en el teatro. Mientras las cabezas se volvían, David se dio cuenta de que la afirmación había brotado de Eisenhower.

Viendo que el anteriormente comandante supremo de las fuerzas aliadas acababa de atestiguar su narración, Winston ya añadió: —El general Eisenhower, perdón, el presidente Eisenhower, indicó para la historia que «Eric Erickson acortó la guerra por lo menos por dos años». Albert Speer, ministro de armamentos y producción de guerra de Hitler, testificó en Nuremberg que «los ataques al petróleo produjeron el fin de la guerra».

Lincoln, que había estado callado, le preguntó a Eric: —¿Estuviste en algún momento en peligro de que te descubrieran?

—Constantemente —replicó Eric—. Recluté confederados en los territorios ocupados, y al viajar a Suecia y regresar, como viajaba, nunca sabía si alguno de mis propios espías había sido sorprendido y torturado por la Gestapo mientras yo andaba de viaje. Así que volver a Alemania siempre fue tenso.

»A una de mis colaboradoras, Marianne von Mollendorf, la ejecutaron ante mis ojos. Ella y yo nos mirábamos a los ojos cuando la ejecutaron. Ella podía haberme delatado, por supuesto, pero no lo hizo. Yo podía haber hablado en ese momento...»

Winston vio la culpa y confusión en los ojos de Eric e intervino en el vacío. —Entonces los habrían matado a los dos, mi muchacho. Lo sabes. No hay otra opción que pudieras haber tomado. Tú detuviste la guerra.

—Eso pienso —dijo Eric sin expresión—. Eso es lo que todos parecen pensar.

Winston insistió. —¿Eric? Eric, escúchame. ¿Puedo decirte algo de lo cual tal vez nunca se te informó?

—Seguro —respondió Eric.

Winston miró a Eisenhower, y luego de nuevo a Eric. —En realidad, yo firmé documentos, como también otros varios, jurando que lo que voy a decirte jamás se divulgaría. —Lincoln, Juana, David y todos los demás en el salón prestaban toda atención—. He pensado en esto muchas veces, y francamente, desde que llegué acá, no había nadie a quien hubiera querido decírselo. El estar en este lugar, sin embargo, hace que mi firma de promesa sea más bien insustancial, ¿no lo pensarías así?

Erickson sonrió.

—En cualquier caso —dijo Winston—, es esto. Tus hazañas, aunque en su mayoría desconocidas por la humanidad hasta este día, salvaron cientos de miles de vida. Pero ahora voy a revelarte algo que es mucho más grande que eso. Mucho después de la guerra, al examinar los registros alemanes y testimonios de secreto máximo conectados con esos registros, descubrimos cuán vital verdaderamente fue tu trabajo.

»Todas las refinerías y plantas de petróleo sintético fueron blanco, por supuesto; pero que el bombardeo de un lugar en particular, la planta sintética en Merseburg-Leuna, resultó que destruyó un edificio en el cual se estaban realizando experimentos con agua pesada, para el proyecto alemán de la bomba atómica. —Hizo una pausa y se inclinó hacia adelante—. Se dice, muchacho mío, que sin tu información, sin la destrucción de ese edificio en particular en ese momento en particular, Hitler hubiera contado con la bomba mucho antes del fin de la guerra».

Después de los apropiados atragantamientos que produjo tal información, David dijo: —Tienes absolutamente la razón, Winston. Tenemos una deuda con este hombre. Eric —se volvió y preguntó—, ¿descubrieron tu familia y amigos la verdad en cuanto a ti después de la guerra?

Esforzándose por sonreír, Eric dijo: —Sí; y ese fue un gran día para Ingrid y para mí. Excepto por solo otro amigo nuestro, Ingrid llevó toda la carga del asunto por sí sola.

»Varios meses después de que la guerra se acabó, el Departamento de Estado ofreció una cena especial. Todo fue un gran secreto. Se invitó a una multitud enorme: Nuestras familias, anteriores amigos, hombres de negocios, y nadie sabía por qué. Cuando todos estuvieran sentados, un oficial de la embajada estadounidense llamó la atención de todos, y anunció a los invitados de honor. Ingrid y yo habíamos estado escondidos fuera del escenario, y cuando entramos, la concurrencia literalmente quedó boquiabierta. Rápidamente, antes de que pudieran apedrearnos, pensé, los oficiales estadounidenses contaron toda la experiencia; por lo menos todo lo que pudieron. Fue una reunión llena de lágrimas con nuestros familiares y amigos... y supongo que todo está bien cuando termina bien. —Eric se encogió de hombros—. Y eso es todo, pienso».

—Winston tiene razón —dijo David—. En realidad *podríamos* hablar de esto por horas, pero tenemos que avanzar. Gracias por todo lo que hiciste.

Eric asintió.

—¿Está bien continuar con nuestra próxima respuesta? —preguntó David—. ¿Puedes guiarnos en este diálogo?

—Seguro —replicó Eric—. Permíteme empezar diciéndote lo que la mayoría de los Viajeros piensan que es la respuesta. —Alrededor de la mesa, escucharon con atención—. Antes de exponerla, tengo que decir que me siento algo incómodo al acabar de oír la revelación de la historia de mi vida y ahora tener que decir esta respuesta; o lo que pensamos que es la respuesta.

—¿Por qué? ¿Cuál es? —preguntó David.

—Sé valiente —dijo Eric—, o «muestra valentía», o cualesquiera otras dos palabras con las que quieras decirlo. ¿Por qué dos palabras, en todo caso? No importa —añadió Eric rápidamente, contestando su propia pregunta—. No hemos tenido tiempo para figurarnos eso también. En cualquier caso, «ten valor» o «sé valiente». La valentía es nuestra respuesta. No es cosecha mía, pero pienso que concuerdo.

—No hay tiempo para modestia, Eric —dijo Lincoln—. Tal vez por eso te escogieron para que nos acompañes. Ciertamente exigió gran cantidad de valentía hacer lo que hiciste. Así que exploremos esto rápidamente. —Hizo una seña hacia el reloj de arena—. Si necesitamos las dos oportunidades después de ésta, y es mi oración que no sea así, necesitamos conservar algo de tiempo.

Eric dijo: —Todo el que oye mi experiencia parece dar por sentado que de alguna manera yo nunca tuve miedo. —Entornó los ojos—. Siempre tuve miedo. Simplemente me las arreglé para hacer lo que sabía que tenía que hacer... de alguna manera. Así que para asegurarnos de que no empezamos a marchar con *ese* pie, el valor es la resistencia al miedo o el dominio del mismo, pero no es la ausencia del miedo.

—Estoy de acuerdo —dijo Juana—. Perfectamente expresado.

—Hay una extraña paradoja adjunta también, sin embargo —dijo Eric encogiéndose de hombros—. Esa intrepidez... ese aire seguro, es extraño para mí que a veces una persona tiene que ser un poco imprudente con su vida a fin de conservarla.

—¿Qué es valor? —preguntó David—. Defínelo. Empecemos allí.

—Es una virtud —dijo Winston—. Es una virtud mística ante la cual las dificultades se achican y los obstáculos se derrumban a polvo.

—El valor no es meramente una de las virtudes —observó Lincoln—, sino la forma de toda virtud en su punto de prueba.

—Bien dicho —replicó Winston—. Pero, señor presidente, debes por lo menos conceder que el valor es la mayor de las virtudes. Después de todo, si uno no tiene valor, tal vez no haya oportunidad de exhibir ninguna de las otras.

Lincoln contuvo una risita. —Tienes razón, señor primer ministro —dijo expresando acuerdo—. Sin valor, incluso la sabiduría no daría fruto.

—¿Es el valor una forma de poder? —interpuso David.

—*Non* —afirmó Juana—. No. Pienso que toda persona posee el poder de lograr lo que sea que desee. Muchos, sin embargo, no tienen el valor para hacerlo.

Eric habló. —El valor expande la mente y los corazones de otros en su presencia. Es contagioso. Una persona con valentía forma una mayoría inmediata, y cautiva a otros a su paso. Cuando una persona valiente asume una posición, las espaldas de los demás se afirman.

»Pero hay algo curioso —continuó Eric—. Lo opuesto del valor es la cobardía, supongo. En cualquier caso, pienso que el valor amplía nuestras posibilidades; pero la cobardía disminuye las probabilidades del éxito de alguien en alguna empresa. Personalmente he experimentado peligro físico debido a la cobardía de otros. Debido a que nosotros como personas y naciones estamos interconectados, los temores de los endebles aumentan los peligros que ponen en peligro las vidas y libertades de los valientes».

—¿Cómo llega uno a ser valiente? —preguntó David.

Eric levantó la mano. —No quiero hablar mucho —dijo—, pero puedo responder si lo deseas.

—Seguro —dijeron todos a la vez y se inclinaron hacia adelante para oír cómo se proponía responder.

—Creo firmemente —dijo Eric con convicción—, que sea que uno sea hombre o mujer, niño o niña, nunca se logra nada sin valor. Es la cualidad mayor del corazón, excepto el honor. Habiendo dicho eso, creo que todo hombre, mujer, muchacho y muchacha ya posee muy dentro de sí mismo una provisión abundante de valentía. Pero ese valor solo aparece, al parecer espontáneamente, cuando nos interesamos muy profundamente en algo o alguien. Es en ese momento cuando corremos riesgos que son inimaginables en cualquier otro contexto.

—Bravo —dijo Winston y aplaudió varias veces mientras los otros reconocían la verdad de las palabras que Eric había dicho—. Muchas victorias se han convertido en derrotas por la falta de un poco de valentía.

—¿Es «mostrar valor» la respuesta, entonces? —preguntó Juana—. Si todos poseen valentía, ¿es la utilización de la virtud, en realidad «mostrar valor», lo que la humanidad necesita a fin de volver a reencaminarse?

—Yo soy de tu tiempo —le dijo Eric a David—, y pienso que el valor es la respuesta. Señalando a Winston, Lincoln y Juana, dijo: —Puede ser cínico decirlo, pero con raras excepciones, los pueblos no están eligiendo líderes como éstos hoy. Una nación que se ha *olvidado* de la cualidad de liderazgo que exigió hacer grande a la civilización en el pasado no es probable que insista en grandeza en sus líderes hoy.

—Creo que nos *hemos* olvidado la demostración de valor que exigió moldear lo que la humanidad fue en un tiempo —dijo David—. Esto me da más y más confianza de que valor es lo que necesitamos, individual y colectivamente. —A Churchill y a Lincoln les preguntó—: ¿Cuál fue la perspectiva histórica de su tiempo? ¿Y en tu tiempo, Juana?

Juana habló primero. —Yo siempre hallé extraño que el valor físico fuera tan común y la valentía moral tan rara.

—Yo no estoy seguro de que eso haya cambiado —dijo Eric y añadió—: Lo lamento, allí está mi lado cínico de nuevo.

—Yo traté con individuos tan divididos sobre asuntos como cualquier grupo desde que el tiempo empezó —dijo

Lincoln, alzando los ojos como si rebuscara en su memoria—. Cuando hay los que discrepan con nosotros, exige valentía, por cierto, levantarse y hablar; pero también exige valentía sentarse y escuchar. El valor puede ser el puente a la sabiduría. La vida, a pesar de la forma en que nos parte el corazón y su agonía, no puede ser revertida. Pero si enfrentamos nuestras mañanas con valor y sabiduría, no es necesario vivir de nuevo el pasado.

—¿Esperanza y sabiduría? —preguntó Juana—. ¿Son ellas parte del valor?

—Sí —respondió Winston definitivamente—. Pero, ¿es el valor la respuesta?

—Queremos *hacer que la* civilización *vuelva a colocarse en* la senda —dijo Eric—. ¿Piensan ustedes que hay menos exhibición de valor ahora que lo que solía haber?

—¿Tal vez no haya tantas oportunidades para ser valiente? —propuso David.

—Oh, eso es ridículo —dijo Winston con sorna—. Los que carecen de cualquier cosa: valor, sabiduría y esperanza incluidos, siempre hallarán una filosofía para justificarlo. ¡Qué cochinada! Y, por supuesto, como parte de su justificación, pueden arrojar sospecha sobre cualquiera que tiene motivos debidos. ¡La gente con valor y carácter siempre le parece siniestra a los demás!

Se rieron. Ciertamente, nadie podía disputar esas palabras. Cuando se tranquilizaron, David preguntó: —¿Estamos listos? —Nadie quiso contestar, así que por un minuto, se quedaron mirándolo, y luego se volvieron a reír. Fue una risa nerviosa, con certeza, pero finalmente, David dijo en voz alta lo que todos estaban pensando. —Vaya. Estoy a punto de llamar a Gabriel de nuevo.

David miró al reloj de arena. —*Espero* que nuestra *sabiduría* nos haya llevado al *valor.* —Todos sonrieron, pero Eric dijo—:

Cuando hayamos terminado con todo esto, David, hazme acuerdo de decirte cuán malo fue realmente ese chiste.

David sonrió lúgubremente y dijo: —Espero que nos riamos cuando todo esto se termine. —Entonces, con fuerte voz, dijo—: Estoy listo con la respuesta.

CAPÍTULO 8

Al entrar en el salón Gabriel se dirigió directamente al extremo de la mesa, ocupando la misma posición que antes. El arcángel expresamente examinó el reloj de arena antes de plegar sus manos delante. —¿David Ponder? —dijo —¿han llegado a una conclusión?

David se puso de pie. —Pensamos que sí, Gabriel.

—Tengo mucho interés en oír tu respuesta.

David miró a los demás alrededor de la mesa y empezó. —Tomando en cuenta tus palabras en cuanto a que «esperanza» y «sabiduría» son parte de la respuesta, hemos llegado a lo que creemos que es la opción lógica. —David hizo una pausa y decidió evitar todo preámbulo este tiempo. *No hay necesidad de explicarlo*, pensó. *Esta tiene que ser la correcta* —. Gabriel —dijo—, la respuesta es «mostrar valentía».

Gabriel no respondió de inmediato. Nervioso, para empezar, y ahora incluso más, David halló imposible vérselas con el silencio del arcángel y empezó a hablar a pesar de haber decidido no hacerlo. —La esperanza y la sabiduría son componentes necesarios de la valentía efectiva, y así para restaurar a la civilización a la senda apropiada... Pues bien, de seguro parece que las personas solían ser más valientes moralmente valientes, pensamos... Obviamente ellas son...

—La respuesta es incorrecta —interrumpió Gabriel, y sin más dilación se retiró de la mesa y se dirigió a la puerta.

Winston apretó los puños, dijo algo entre dientes para sí mismo y buscó su cigarro. David no se movió de donde había estado de pie pero se dio cuenta de que la sangre se le iba de la cara. Miró a Lincoln, que parecía mostrar simpatía y animar al mismo tiempo. La frente de Juana estaba fruncida en confusión, y Eric simplemente se quedó sentado con los ojos todavía cerrados.

La puerta gigantesca se abría, y los de la concurrencia empezaban a ponerse de pie, hablando quedamente unos con otros; con los ojos todavía en el arcángel que salía. Estaba casi en la puerta, con su luz intensa irradiando por el salón mientras se reflejaba alrededor de su manto flotante y sus salas. De repente, para su sorpresa, David oyó su propia voz levantándose por encima del ruido creciente del teatro. —¡Gabriel! —exclamó.

Al instante el salón quedó en silencio. El arcángel se detuvo al instante. Volteando su cabeza como no queriendo creer lo que acababa de oír, Gabriel se dio la vuelta lentamente, pero solo a medias. —¿Sí, David Ponder? —preguntó.

David podía oír los latidos de su propio corazón, con la sangre corriéndole por las orejas. Sintió que su boca se abría y se oyó a sí mismo boquear como un escolar sorprendido por el director en alguna travesura. La cara del arcángel no era amenazadora, pero tampoco su expresión era paciente o amable. Gabriel levantó una ceja. —¿Sí, David Ponder? —repitió con un poco más de volumen.

David no supo por qué había gritado en ese momento. ¿Frustración? ¿Confusión? ¿Temor? En cualquier caso, sin saber por qué había detenido la partida del arcángel, ahora no tenía ni idea de lo que quería decir. —Este... ¿Gabriel? —se las arregló para decir y se detuvo de nuevo, pero esta vez, el arcángel no respondió. Mentalmente frenético e incómodamente consciente de las miradas de todos en el teatro, David se lanzó hacia delante y dijo lo único que le vino a la mente—. ¿Podemos hacerte algunas preguntas?

Sin vacilación Gabriel contestó: —Ciertamente —y avanzó para volver a su lugar a la mesa. Mientras la puerta se cerraba detrás del arcángel, David miró a los demás asombrado. Ellos devolvieron su expresión con incredulidad propia. De hecho, toda la concurrencia parecía estar estupefacta por este giro de los eventos y la aceptación casual de Gabriel de la petición en pánico de David.

Como siempre, Gabriel se quedó de pie mientras David se sentaba como los demás. Este movimiento, de parte de David, fue ejecutado más por las rodillas que le temblaban que por cualquier etiqueta que pudiera haber pensado observar. —No sabía que podíamos hacer preguntas, Gabriel —dijo David, todavía temblando algo—. En realidad, no mencionaste que se nos permitía preguntarte algo.

Gabriel replicó: —Eso es correcto. Pero tampoco dije que *no* podían hacer preguntas.

—¿Señor?

—¿Sí, Eric Erickson?

—Señor, ¿hay algo más que pudiéramos haber pasado por alto, de esta suerte, o de cualquier suerte, de lo cual tal vez no nos percatemos a estas alturas, que esté disponible como recurso para nosotros en nuestra búsqueda?

—Muy buena *primera* pregunta, Eric Erickson —replicó Gabriel—, pero no, yo soy el único recurso de ustedes.

—¡Ja! —repuso Winston—. Muy buena primera pregunta en verdad. ¡Justo la clase de pregunta que esperaría de un espía! Ahora, al grano. ¿Qué debemos preguntarle al *ángel*?

—Arcángel —corrigió Gabriel de inmediato.

—Ah, sí. Discúlpame —respondió Winston guiñándole el ojo a David.

—Tengo una pregunta, señor —dijo Lincoln. Gabriel dirigió su atención al presidente, quien preguntó: —Anteriormente nos revelaste que «restaurar esperanza» y «buscar sabiduría» eran parte, y damos por sentado que son partes integrales, de la respuesta correcta. ¿Es eso también cierto en cuanto a «mostrar valor»?

—Sí —respondió Gabriel—. El valor es necesario para que la sabiduría y la esperanza cumplan sus funciones como virtudes efectivas. De igual manera, sabiduría y esperanza, como tú correctamente aseveraste, deben estar presentes para que el valor logre su valor más alto. Sí. Todas estas tres: esperanza, sabiduría y valor, son componentes de la respuesta que buscan.

—Esta respuesta —dijo Juana cuidadosamente—, cuando la hallemos... ¿cambiará el mundo?

—Es lo único que jamás lo ha hecho —dijo Gabriel.

—¿Estamos expandiendo nuestro pensamiento más allá del punto en que debemos buscar? —preguntó Winston—. ¿Estamos complicando esto demasiado?

—Sí y no —repuso Gabriel.

—¡Ah! —dijo el primer ministro lo más sarcásticamente que pudo expresarlo—. Sí, entonces. Pues bien, muchas gracias por el mapa que has provisto con *esa* respuesta. Lo tomaremos desde aquí e iremos directamente al tesoro.

—Entiendo tu pregunta Winston Churchill —dijo el arcángel—, e ignoraré tu comentario infantil. En tanto que la respuesta que buscan es sencilla, me desespera la incapacidad de ustedes para hallarla fácilmente. Sí, sus procesos de pensamiento son racionales, pero como humanos son demasiado egotistas para triunfar en esta búsqueda rápidamente; o si acaso.

—Por favor, Gabriel —dijo Lincoln, con una mirada de advertencia a Winston—, sé paciente con nosotros un poco más. Estamos tratando de entender. ¿Qué quieres decir con eso de «egotistas»? No pretendo discrepar contigo, pero siento que al presente nos sentimos humildes antes este proceso en todo lo que podemos ser. Yo, por mi parte, no me siento ingenioso o capaz ahora mismo... o egotista. Así que, de nuevo, por favor, ayúdanos a comprender a qué nos enfrentamos.

—A lo que ustedes se enfrentan, Abraham Lincoln —empezó Gabriel—, es su misma naturaleza. Cuando usé el término *egotista*, no necesariamente quise referirme a ustedes en la mesa, con una posible excepción. —Haciendo una pausa, Gabriel dirigió su mirada directamente a Winston, que sonrió como si se le hubiera dado un premio. Continuando, el arcángel dijo—: Es la naturaleza egotista de la humanidad a lo que me refería.

—Todavía no estoy seguro de entender —dijo Lincoln—. Por favor... si pudieras...

—Como seres humanos —dijo Gabriel—, ustedes parecen dar por sentado que son los poseedores del momento más grandioso de la humanidad. Ustedes creen que todo lo que existe en la tierra en este momento es el pináculo del logro. La humanidad es orgullosa.

—El orgullo va antes de la caída —dijo Juana a los demás, quienes asintieron sin retirar los ojos de Gabriel.

—Como humanos —dijo el arcángel sin perder el hilo—, ustedes piensan que son más fuertes que nunca antes. Adoran su propia inteligencia. Han llegado a la luna y consideran *eso* un logro grandioso, ¡y sin embargo no tienen ingenio suficiente para hallar los indicios que Él les dejó en cuanto a quién hizo la luna, para empezar!

Winston abrió la boca para hablar. —No he terminado, Winston Churchill —dijo Gabriel cortantemente, con los ojos relampagueando. Siguiendo, dijo—: Ustedes creen todo y no creen nada. Como un niño que ve trucos de magia por primera vez, se impresionan unos con otros. Se impresionan con ustedes mismos. Y en tanto que es mi deber guiarlos... —se detuvo, y luego dijo—, *yo* no estoy impresionado.

Escupiendo palabras con furia controlada, Gabriel añadió: —Ustedes hablan de «evolucionar» como si ustedes fueran ahora la forma más alta del concepto. La humanidad cree que ha llegado a un momento glorioso de significación. Y sin embargo ni siquiera comprenden la verdad en cuanto a ustedes mismos. Ustedes no han *evolucionado* —dijo con apenas disfrazado desdén. —Ustedes han *devolucionado*.

Entrecortadamente, David habló. —Gabriel, no pretendo sonar como que estoy cuestionando tus palabras. Yo... yo pienso que simplemente estamos tratando de entender lo que estás diciendo. Por ejemplo, no ser egotistas, como tú dices, pero ¿no estoy yo al presente viviendo en la edad más avanzada que los seres humanos jamás han conocido?

El arcángel recibió la pregunta y miró alrededor de la mesa. Cuando vio que nadie más iba a hablar y dándose cuenta de que todos convenían con la base de la pregunta de David, Gabriel lanzó un profundo suspiro y dijo: —La pregunta que están intentando responder se refiere a hacer que la humanidad vuelva a colocarse en un camino. Ustedes tienen razón al dar por sentado que la expresión *volver a colocarse* indica que la humanidad ha estado en la senda antes. Pero tu creencia, David Ponder, de que la humanidad está experimentando una «edad avanzada», como tú lo dices, me hace perder las esperanzas de que alguna vez logren hallar la respuesta.

—¿Por qué?

—Porque ni siquiera se dan cuenta de la senda a la que la pregunta se refiere, ¿cómo pueden posiblemente esperar volver a colocarse en ella?

—Así que lo que estás diciendo —Eric intervino—, es que no somos una civilización tan avanzada como pensamos que somos.

—Eso es correcto, Eric Erickson. Existió en un tiempo una civilización sobre la tierra tan avanzada que haría que ustedes parezcan niños torpes en comparación. Su matemática, ingeniería, arquitectura y metalurgia estaban mucho más avanzadas de lo que ustedes reverencian hoy. Eran personas de gran entendimiento, gran sabiduría e incluso mayor fe.

—¿Por qué no hemos oído de estas personas? —preguntó Eric.

—Esa es la misma pregunta que me hiciste una vez, David Ponder —dijo Gabriel—. ¿Recuerdas?

—Lo recuerdo —contestó David.

El arcángel dirigió su atención de nuevo a Erickson. —Ustedes no tienen recuerdo o conocimiento cognoscitivo de su historia porque la mayoría de sus científicos trabajan con un parámetro de tiempo que es demasiado estrecho. Unos pocos de ellos, sin embargo, han empezado a sospechar que esta sociedad antecede a los aztecas y a los incas por más de treinta mil de sus años.

Winston no pudo quedarse callado. —¿Qué indicación hay de eso? —espetó.

—Para ti, Winston Churchill —Gabriel repuso—, no mucho. Estás demasiado distante de estas personas en términos de habilidad, capacidad, sabiduría y tiempo. Los miembros más inteligentes de la civilización de ustedes apenas están empezando a llegar al punto de reconocer y comprender la evidencia que ellos dejaron de su existencia.

—¿Qué evidencias? —preguntó Juana.

—El obelisco de Luxor sería uno —dijo Gabriel—. La gigantesca piedra tiene como veinticinco metros de altura y pesa más de cuatrocientas toneladas. Sus científicos actuales continúan discutiendo sobre cómo una sola pieza de ese tamaño pudo haber sido extraída y acarreada centenares de kilómetros por el desierto, y por supuesto, no tienen ni la menor idea de cómo la erigieron.

»El trabajo en piedra produjo ciudades enteras en Bolivia, Egipto y Perú, que sobrepasa todo lo posible del mundo actual; incluso por sus ingenieros modernos. Bloques de granito que pesan cientos de toneladas fueron transportados largas distancias después de haber sido tallados a tolerancias, en ángulos y aristas, menores que el grosor de un cabello humano.

»Las piedras —algunas del tamaño de edificios de cinco pisos— fueron colocadas una encima de otra, vez tras vez, hasta que llegaron al cielo. Estos colosales bloques fueron alineados tan perfectamente que no se requirió mezcla. Hoy, solo sus sierras láser con puntas de diamante pueden aproximarse a la especificación precisa de tolerancia, pero ninguna máquina o ingeniero en la tierra en este tiempo puede duplicar nada parecido a esas dimensiones gigantescas. Para mí es una fuente de diversión que sus científicos insistan en que estas maravillas megalíticas se levantaron del polvo de cazadores y cosechadores nómadas».

Mientras los que estaban a la mesa escuchaban asombrados, Gabriel continuó. —Sofisticados alineamientos astronómicos existen en sitios por todo el mundo. Y aunque algunos de ellos han sido descubiertos, la mayoría todavía no han sido entendidos. La civilización que construyó estos sitios sabía la circunferencia exacta de la tierra, y la cartografió en sistemas de medidas por todo el mundo. Sus matemáticos e ingenieros ahora han visto esto en edificios que sobreviven en América del Sur, Europa y África porque estas cifras quedaron incorporadas en la arquitectura que dejaron. Y estas ecuaciones fueron calculadas perfectamente. Ustedes, por otro lado, pudieron calcular los valores matemáticos exactos solo después de que el *Sputnik* orbitó la tierra en 1957.

»Sus científicos, con el beneficio de imaginería de satélite por radar, ahora han concedido la precisión de los antiguos mapas detallando la línea costera de la Antártica. Otros lograron esto a pesar de que la ubicación todavía estaba sepultada bajo cientos de metros de hielo por milenios».

—¿Por qué desaparecieron? —preguntó Lincoln—. ¿Por qué desapareció esa civilización?

—Por la misma razón que la civilización de ustedes está en peligro —contestó Gabriel—. Arrogancia, codicia, egoísmo, ingratitud, pérdida de fe. Pero podría añadir, que ustedes se las han arreglado para llegar al borde del precipicio en un tiempo impresionantemente breve.

—¿Hay algo que podemos hacer para retroceder? —preguntó David.

—Por supuesto —dijo Gabriel—. Por eso ustedes están aquí. Hasta que sea demasiado tarde, nunca es demasiado tarde.

Sin que se presentara ninguna otra pregunta, el arcángel dijo: —Tienen dos oportunidades más para responder a la pregunta. —Con esas palabras, Gabriel se retiró de la mesa y cruzó un salón en silencio.

Antes de llegar a la puerta, sin embargo, ante la incredulidad de todos, David pronunció de nuevo el nombre del arcángel. Esta vez éste se detuvo y se dio la vuelta por completo. El arcángel no habló sino que concentró su atención en David.

—Gabriel —dijo David en una voz con era suave, pero sin embargo audible para todos en el teatro—, tú mencionaste la luna. Dijiste que había indicios en cuanto a quién hizo la luna, para empezar. ¿Qué indicios? ¿Qué quisiste decir?

El arcángel se quedó inmóvil, dándole a David la impresión de que estaba componiendo su respuesta; o tal vez, pensó David, que no iba a contestarla después de todo. Pero cuando Gabriel habló, lo hizo de una manera que le recordó a David a sus padres y cómo una vez, cuando niño, había desilusionado profundamente a su padre.

—David Ponder —dijo el arcángel cuidadosamente—, tu civilización está enamorada con el concepto de la casualidad. Casualidad, suerte, al azar. Una filosofía de contingencia sobre probabilidades y posibilidades. Casualidad; no causa asignable.

»Ustedes han abrazado la idea de la casualidad tan completamente que han producido entretenimiento para promover la noción, y edificios y ciudades como monumentos a ese concepto. Permiten que la casualidad les robe el dinero, y desperdicie su tiempo. A la casualidad se le acredita los hijos que tienen y el legado que les pasan. La idea de la suerte los ha hecho codiciosos. Peor todavía, los ha hecho arrogantes. Ha corrompido sus mentes, porque ahora, muchos de ustedes se atreven a atribuir su mundo, su universo, su misma existencia... a la "casualidad".

»Aquí tienes una pista, David Ponder: En una senda de perfección que ha existido desde el segundo día, tu tierra gira 366 veces sobre su propio eje durante una órbita alrededor del sol. La tierra es exactamente 366 por ciento más grande que su luna. A la inversa, a la luna le lleva 27.32 días recorrer su órbita alrededor de la tierra, y es exactamente el 27.32 por ciento del tamaño de la tierra. La luna de ustedes está 400 veces más cerca a la tierra que ella lo está al sol, y exactamente 400 veces más pequeña que el sol. Conforme la luna gira, la velocidad del ecuador lunar, de paso, es precisamente 400 kilómetros por hora».

Gabriel hizo una pausa, y luego se dirigió hacia la puerta, que se abría conforme él se acercaba. Antes de cruzar el umbral, sin embargo, se volvió, paseó la mirada por el salón, y dijo: —¿Cuáles son las probabilidades de eso?

CAPÍTULO 9

David se dejó caer pesadamente en su asiento mientras el salón empezaba a cobrar vida alrededor de él. Miró a los otros, uno a la vez, y esperaba que ellos no vieran en sus ojos lo que sentía. En ese momento, David admitió para sus adentros, se sentía terriblemente desalentado.

—No te rindas a la perra negra —dijo Churchill, notando la expresión de David. Cuando David cuestionó el comentario, explicó—. Yo batallé con la depresión toda mi vida. La llamaba mi perra negra, porque parecía que me seguía por todas partes a donde iba. La perra negra no siempre estaba *sobre* mí, no siempre a la vista, pero llegué a entender que siempre estaba cerca.

—¿Es eso lo que yo tenía? —preguntó Lincoln—. Nunca supe que era una perra negra. —El comentario fue parcialmente en broma, pero le hizo a David sonreír, y eso es lo que el presidente había intentado.

—Aprendí a estar en guardia —continuó Winston—. Nunca me gustó estar cerca del borde de una plataforma cuando un tren expreso pasaba. Siempre me puse lo más lejos y cuando era posible ponía una columna entre el tren y yo. No me permitía estar al lado de un barco y mirar al agua. Una acción de un segundo lo hubiera acabado todo. Unas pocas gotas de desesperación, un momento de descuido con mis defensas bajas, y la perra negra hubiera saltado sobre mí por detrás.

Lincoln asintió. Le dijo a Winston que sabía exactamente cómo se sentía, porque él, también, había sufrido acosado por la depresión.

—¿Qué hiciste? —preguntó Juana—. ¿Cómo te las arreglaste?

Winston ya tenía lista su respuesta. —Nunca le des de comer a una perra negra —dijo—. Siempre tienen hambre, y mientras más uno le da de comer a una perra negra, más cerca tiene sus colmillos cerca de la garganta de uno.

—¿Cómo se le da de comer a una perra negra? —preguntó Eric.

—La mejor pregunta, joven, sería: «¿Cómo matar de hambre a una perra negra?» Porque, como vez, las malas preguntas solo aumentan su apetito.

Eric miró alrededor a los demás. Solo Lincoln estaba sonriendo como si supiera de qué estaba hablando Winston. —No lo comprendo —dijo Eric finalmente.

—La calidad de las respuestas de uno —explicó Winston—, puede determinarla solo la calidad de las preguntas de uno. Si quieres buenas respuestas en la vida, debes hacer buenas preguntas.

»Es un hecho que la mayor parte de la charla que tenemos a diario es con nosotros mismos. Siempre que preguntamos algo, nuestra mente subconsciente está determinada a responder y de inmediato implementarlo. —Winston pensó por un instante y continuó—. Lo que quiero decir es que nuestro subconsciente trabaja en cualquiera que sea el problema que le damos para que resuelva. Por consiguiente, si uno hace malas preguntas, la mente de uno desciende a un estado en el que trabaja para proveer malas respuestas. Las malas preguntas dan de comer a la perra negra porque estimulan pensamientos negativos. Luego, por supuesto, la perra negra empieza a comernos».

Lincoln habló. —Un ejemplo de una mala pregunta de mi vida —dijo—, sería: «¿Por qué no puedo resolver este problema entre estas personas?» Como ves, cuando hice la pregunta, mi mente empezó a pensar en todas mis deficiencias. *Pues bien,* me respondía a mí mismo, *no puedes resolver este problema porque no te educaste como es debido.* Me preocupaba por mi apariencia. Hablaba conmigo mismo sobre la parte del país de donde venía, mi acento, los errores que cometí en el pasado. Todos estos pensamientos deprimentes son respuestas a «¿Por qué no puedo...?»

»Ahora, por otro lado, si puedo imaginarme haciendo una *buena* pregunta, una pregunta como: "*¿Cuál es la mejor manera* de resolver este problema entre estas personas?", en ese momento mi mente se pone a trabajar en las soluciones. He puesto a mi subconsciente a pensar en las mejores posibilidades, y debido a eso, soy más feliz y más productivo».

—Comprendo —dijo Eric—. Así haz buenas preguntas, recibe buenas respuestas. Inclusive podrías echar en la mezcla otras palabras para guiar tu subconsciente, ¿verdad? como: «¿Cuál es la manera más feliz, más rápida, mejor, de resolver este problema entre estas personas?»

—Eso es —dijo Winston—. *Buenas* preguntas. Así es como se mata de hambre a la perra negra.

—Entonces permítanme preguntar esto —dijo David—. ¿Cuál es la manera más rápida de responder acertadamente la pregunta que tenemos delante?

Aunque lo decía en serio, la pregunta de David, buena como era, esperaba él, hizo que Churchill y Lincoln contuvieran risitas. El presidente tuvo una respuesta rápida. —Nueva sangre será la manera más rápida —dijo—. Nuevo Consejo. Estamos cansados de oírnos unos a otros. Pienso que es tiempo de llamar a otro Viajero.

Con todos de acuerdo, David se puso de pie, acallando al teatro, y dijo: —La cumbre solicita la asistencia de un Viajero.

Todo ojo en el teatro se dirigió hacia el pasillo de la mitad, detrás del Lincoln, Juana y Eric. Un hombre grande se había levantado entre la penumbra, en la sexta fila, y descendía por los escalones. Su pelo era oscuro, rizado y casi hasta los hombros.

Llevaba un cintillo de oro trenzado alrededor de la cabeza, que le sostenía el pelo fuera de la cara.

Llevaba sandalias y un cinturón de cuero que se detenía justo encima de las rodillas. Su camisa, también de cuero, no tenía mangas y estaba ribeteada de bronce y plata. Enrolladas alrededor de la piel profundamente bronceada de sus musculares brazos superiores había gruesos cintillos de oro. Los dedos del hombre no llevaban anillos, pero sus muñecas estaban revestidas de sólidos brazaletes de bronce pulido.

Era una de las vistas más increíbles que David jamás había visto. El hombre se conducía de una manera que aunque no era amenazante ciertamente era imponente. Todos los que estaban a la mesa se pusieron de pie conforme el hombre se acercaba, pero extrañamente, nadie se adelantó a estrecharle la mano o saludarle de la manera tradicional. Él pasó directamente a la cabeza de la mesa y dijo: —Pueden tomar asiento.

Curioso, pensó David para sus adentros al sentarse. Churchill y Lincoln también tomaron asiento después de levantar las cejas el uno al otro sin decir palabra. Cuando todo esto empezó, de inmediato habían notado que el líder designado de su grupo, David Ponder, no había escogido la cabeza de la mesa —la posición de poder— desde la cual dirigir la cumbre. Más bien, había escogido sentarse con todos los demás.

Churchill y Lincoln habían reconocido la humilde maniobra porque era algo que ellos habían empleado a menudo. Ahora, sin embargo, tomaron asiento sin rencor, porque ambos sospecharon la identidad del recién llegado. Eric, por otro lado, permaneció de pie por un momento más, como para comunicar al hombre que no se sentía intimidado y haría lo que quisiera. David ya se había sentado, y de los cinco, solo la Doncella de Orleans no tomó asiento.

Ella tenía su espada delante suyo desde que llegó; pero ahora Juana la tomó y, poniéndola sobre sus palmas abiertas y hacia arriba, caminó hacia el hombre que había ocupado la cabeza de la mesa. Él observó mientras ella se le acercaba sin expresión y no hizo ningún movimiento excepto volverse en dirección a ella. Cuando llegó frente a él, Juana se arrodilló, levantando la espada por encima de su cabeza inclinada.

El hombre la tomó, y al levantar ella la vista, él le hizo una venia. Juana volvió a su silla, y solo entonces el hombre puso la espada sobre la mesa, esta vez frente a sí mismo, y tomó asiento en el lugar que había escogido.

Cuando ella hubo vuelto a su silla, Juana notó que Eric, que estaba sentado a su izquierda, se había quedado viéndola como si ella hubiera perdido la chaveta. Aunque no lo preguntó, Juana sintió la necesidad de explicar. —No soy una mujer para él. Soy una guerrera; y un rey nunca llega a una mesa de concilio en la que hay guerreros armados. Él no tiene a sus hombres aquí con él. Por consiguiente, por tradición, mi arma tiene que ser presentada al mismo rey.

—¿Rey? —dijo Eric—. ¿Cuál rey?

—Sin retirar los ojos del hombre del cual ella estaba hablando y dándose cuenta de que él estaba poniéndose impaciente con lo que consideró malos modales de Eric, Juana susurró: —El rey que mató al gigante cuando niño. El rey David.

Esta información logró que Eric abriera los ojos y cerrara la boca. Aprovechando el silencio, el rey miró a David Ponder y dijo: —Puedes empezar.

A su favor, David no dijo ninguna de las cosas que le vinieron a la mente. Trató de recordar que el rey David era el único a la mesa hasta aquí que probablemente no sabía quiénes eran los demás. Sin embargo, después del discurso sobre la conducta egotista que se les acababa de endilgar pocos minutos atrás, no quería llamar de nuevo a Gabriel y preguntar si él había alguna vez notado a este individuo. *Supongo que soy afortunado*, pensó

David, *que el rey no me asignara otro nombre.* Pero David había sabido por largo tiempo cómo tratar con personas como éstas. Después de todo, por eso había escogido la silla del medio cuando Winston había aparecido.

—Señor —le dijo David al rey—, estoy seguro de que ya sabes que mi mismo nombre es honor a tu legado. Apreciamos mucho tenerte aquí. Tu sabiduría será una piedra angular para esta cumbre al buscar la respuesta que hasta aquí ha estado fuera del alcance de nuestras limitadas mentes.

Lincoln contuvo una sonrisita al otro lado de la mesa mientras David continuaba, pero Winston, sentado junto a él, le dijo en voz muy baja: —Ay, por amor al mismo Dios, ¿por qué no le das al hombre un masaje? —Y antes de que David pudiera hacer algo al respecto, Winston añadió—: Permíteme hacerlo, —y con esas, se dirigió al rey por cuenta propia.

—Señor —dijo—, nos honra tu presencia, pero el tiempo es corto. Estoy seguro que tú ya has considerado esta cumbre como similar a los concilios que celebraste con Israel, Judá y tus vecinos en la orilla oriental del río Jordán cuando estabas estableciendo tu reino. En tanto que estamos reunidos como tales, dedicados a una tarea histórica y monumental, doy por sentado que tú quisieras que nos comunicáramos como tú mismo sugeriste tanto tiempo atrás, como iguales. Resultó cuando lo propusiste por primera vez, y yo, por mi parte, hago de nuevo deferencia a tu sabiduría y liderazgo.

Winston miró alrededor la mesa con los ojos bien abiertos, como diciendo: *Vamos, gente. Trabajen conmigo aquí.* Y lo hicieron. Todos concordaron en voz alta. —¡Qué perspectiva! ¡Si tan solo a mí se me hubiera ocurrido eso!

Mientras Lincoln, Juana y Eric respaldaban la propuesta de Churchill, David se inclinó a Winston y en voz baja le dijo: —Gracias. Bien hecho.

—No hay de qué darlas, muchacho mío —replicó Winston—. Es como tratar con los franceses.

Al dedicarse al asunto, Lincoln recordó preguntar: —¿Hay alguna moción en particular que el teatro presenta por tu intermedio en esta ocasión, señor?

—Sí —respondió el rey. —Dirigiéndose a David, dijo—: Mi hijo Salomón estaba sentado conmigo. Te envía saludos.

—Gracias —respondió David y alzó la vista a la oscuridad desde donde había venido el rey, pero no pudo ver a Salomón.

El rey David continuó. —Al debatir posibles soluciones, Salomón se aferró a su convicción, una respuesta con la cual la mayoría de nosotros ahora estamos de acuerdo. Ciertamente creo que es la respuesta pero, debido a nuestra estatura igual en este momento, se permite el debate.

—Ah, qué noble de parte tuya, majestad —espetó Winston, ganándose una mirada de reprobación de Lincoln.

—Gracias, señor —dijo el presidente de inmediato—. ¿Cuál es la solución que tu sabio hijo propone?

—Ejercer autodisciplina —dijo el rey David—. Controlarse uno mismo; corazón, músculo y mente.

—Eso pudiera ser —dijo Winston—. Eso bien pudiera ser.

—Las otras tres: esperanza, sabiduría y valentía —dijo Eric con cautela —, ciertamente encajan en la autodisciplina como una categoría mayor.

—¿Por qué piensas que la autodisciplina sería la respuesta? —le preguntó Juana al rey.

—Porque todo lo que yo jamás logré en mi vida se debió a ella.

—Me encantaría oír algunos de esos detalles específicos —dijo Lincoln—, si no te importa.

Pensando por un minuto, el rey David sonrió y pareció tranquilizarse por primera vez desde que había llegado. —Mi primera lección en autodisciplina —empezó—, fue una que llevé conmigo el resto de mis días. De hecho, siempre que necesitaba hacerme acuerdo yo mismo de este poderoso principio, tenía esto para tocar, palpar y recordar; porque, como ven, en realidad llevé esto conmigo el resto de mis días.

Mientras el rey David hablaba, sacó de dentro de su vestido un envoltorio de correas de cuero como del tamaño de un puño. Cuando lo sacudió para abrirlo, los ojos de todos en la mesa se abrieron a más no poder, pero Juana extendió la mano al frente de Eric y la abrió. —¿Puedo? —preguntó.

—Por supuesto. —El rey sonrió y la puso en la mano de ella.

Juana se puso de pie y estiró el objeto en todo su largo, que era como del largo del brazo de ella. Era una construcción sencilla: dos correas de cuero, ambas con uno de sus extremos atado a un pedazo de cuero como del tamaño de la palma de Juana. —Todavía la tienes —dijo asombrada, y el rey, en un tiempo un pastor de ovejas, sonrió y asintió.

Era la honda con la que había matado a Goliat de Gat, el gigante, campeón del ejército filisteo. Todos conocían bien el relato, y mientras pasaban la reliquia alrededor de la mesa, hicieron preguntas como niños emocionados.

Con paciencia el rey respondió a todas. —Sí —dijo—, esta es *la* misma honda. Sí, escogí cinco piedras del arroyo. No, usé solo una. Sí, en realidad le quité su propia espada y con ella le corté la cabeza. —Y así siguió hasta que la honda había vuelto al rey David.

Finalmente, puso la honda sobre la vaina de la espada de Juana y dijo: —Por muchas veces que he contado ese episodio, me asombra que las personas dan por sentado que debe haber sido la primera vez que yo use jamás esa honda.

—¿Qué quieres decir? —preguntó Eric, que ahora estaba tan asombrado del rey David como los demás.

—Antes del gigante, maté a un león y un oso. Ambos querían arrebatarme las ovejas de mi padre. Pero antes del león y del oso —el rey dijo con una sonrisa en broma—, ¡debo haber matado diez mil piedras y árboles!

Eric se rió diplomáticamente, pero captó el punto. David, el muchacho pastor, había practicado con la honda por meses y años. Había una razón por la que había podido matar a un león y a un oso; y hubo una razón por la que necesitó solamente un disparo para derribar al gigante.

—Exige autodisciplina practicar, porque la práctica rara vez es emocionante; pero entendí el principio a edad temprana. El ejercicio de la autodisciplina es meramente un proceso por el cual uno recuerda lo que realmente quiere. Como ven, yo no quería practicar. Lo que *realmente quería* era ser experto con la honda. Por consiguiente, aprendí a disciplinarme a practicar en blancos: piedras y árboles, por horas todos los días.

»¿Qué es lo que realmente quieres? Esa es la pregunta que conduce a una persona a una fuerte disciplina que puede aplicársela a sí misma solo ella misma. Y el éxito en cualquier empresa en donde interviene la autodisciplina se reduce a esta pregunta: ¿Puedes obligarte a hacer algo que particularmente no quieres hacer a fin de conseguir un resultado que *te gustaría* tener?»

—Eso es —dijo Eric a todos—. Esa es absolutamente la mejor forma de describirlo que jamás he oído.

Entonces el rey habló con seriedad: —En mi vida aprendí la autodisciplina, y sabía que el principio rendía gran recompensa. Pero pienso que antes de continuar, debo hablarles del otro lado de la moneda. Sí, la autodisciplina conduce a la recompensa; pero la falta de autodisciplina no siempre quiere decir que *nada* sucede. Una *falta* de autodisciplina puede conducir al desastre.

Mientras los otros esperaban, el rey David aspiró profundamente y dejó que el aire escapara lentamente antes de empezar. Cuando lo hizo, fue con gran introspección y tristeza. —Es cierto que he conocido grandes victorias, grandes éxitos. También es cierto que estos éxitos fueron casi sin excepción arraigados en la autodisciplina.

Aquí el rey hizo una pausa, al parecer para ver en el pasado distante algo que le dolió grandemente. —Desdichadamente, también conocí gran fracaso —y, haciendo otra pausa añadió—; el fracaso de la clase más personal, más horrible. Mirando a David, dijo: —Curiosamente, aparte de mi nombre, mi reino, mi hijo, y el episodio de Goliat, la mayor parte de mi vida en la tierra la viví con solo unos pocos seres humanos que conocían mis más profundos secretos. A mi llegada a este lugar, sin embargo, imagínense mi sorpresa cuando hallé que mis obras más oscuras quedaron anotadas y se trasmitieron en forma escrita. Ustedes ya han oído lo que estoy a punto de mencionar, y los hechos no son lisonja a mis recuerdos. Pero si vamos a explorar la autodisciplina, y especialmente la falta de ella, la narración de este relato es pertinente.

El rey respiró hondo de nuevo y empezó: —Una tarde cuando yo debería haber estado en alguna otra parte, vi a una mujer, una mujer hermosa, y la deseé. Se llamaba Betsabé. Estaba casada con un hombre de mi ejército. Él era un hitita, y se llamaba Urías. Esto yo lo sabía y sin embargo mandé a llamarla de todas maneras. —Miró a los demás y añadió—: Yo era el rey. Betsabé no tuvo mayor opción en el asunto.

»Después de que ella quedó encinta, envié palabra a mi capitán para que pusieran a Urías en el frente de la línea de batalla. Allí lo mataron. Allí fue asesinado... por mí.

»No voy a tomar tiempo para hablarles de mi culpabilidad, mi aflicción, mi castigo ni mi arrepentimiento. El punto de este relato para ustedes, en este momento, es reconocer las alternativas que intervienen en este principio. La evidencia más confiable del poder de la autodisciplina es observar el desastre producido por su ausencia.

Después de un momento de contemplación, Churchill dijo: —Pienso que todos podemos señalar decisiones en nuestras vidas que estuvieron desprovistas de disciplina; autodisciplina o de cualquier otro tipo. Debo decir, sin embargo, que fue la autodisciplina la que me permitió vencer a la perra negra vez tras vez.

—¿Cómo así? —preguntó Eric.

—Díselo tú —le dijo Winston a Lincoln—. Si todo lo que he leído de ti es cierto, tú sabes la respuesta tanto como yo.

Lincoln dijo: —Es cierto. La depresión, lo que el primer ministro llama la perra negra, fue un estado mental común para mí hasta que aprendí que podía disciplinarme para sentir diferentemente.

Eric miró al presidente con una mirada escéptica. —Está bien... —dijo.

—He llegado a pensar que la alegría en las personas más alegres es simplemente resultado de la autodisciplina. Durante la primera mitad de mi edad adulta, cuando me deprimía, que era muy a menudo, respondía tomando una siesta, evadiendo a la gente, enfurruñado, y pensando en lo deprimido que estaba. La mayoría de los hábitos que desarrollé en respuesta a mi depresión simplemente empeoraban mi depresión y extendían la duración de mi sentimiento desesperado.

—Estabas dándole de comer a la perra negra —dijo Eric con un rápido guiño a Winston.

—Exactamente —replicó Lincoln—. Pero en algún punto en el camino me di cuenta de que había ciertas personas cuya compañía me divertía. Me di cuenta de que había ciertos lugares en donde, cuando los visitaba, mis espíritus se remontaban. Me di cuenta de que cierta música me alegraba, ciertos libros me hacían reír, y que una caminata enérgica traía una sonrisa a mi cara.

»Y así aprendí a disciplinarme a irme a caminar en lugar de dormir, a disfrutar de la compañía de ciertas personas en lugar de enfurruñarme a solas, a leer buenos libros y escuchar música alegre en lugar de reflexionar lastimera o desesperadamente en mis sentimientos de depresión».

Eric empezó a hablar cuando Lincoln lo detuvo. —Espera —dijo—. Sé tu objeción. Quieres decir: «¡Pero el problema es que cuando yo estoy deprimido, no me *siento* con ganas de hacer esas cosas!»

»Por supuesto que no —continuó el presidente—. ¡Y eso es exactamente por qué estamos hablando de la autodisciplina! Piensa en lo que el rey dijo hace unos momentos. Él dijo: "¿Qué es lo que quieres?" Pues bien, yo quería ser feliz.

Lincoln continuó: —Luego el rey dijo: «¿Puedes obligarte a hacer algo que particularmente no quieres hacer a fin de lograr un resultado que sí quieres?» Como sabes, cuando yo me siento deprimido, puedo prometerte que no quiero ver a otras personas, ni leer libros divertidos, ni escuchar música alegre. Simplemente quiero *ser* feliz. Pero he aprendido que *puedo* disciplinarme para hacer algunas cosas que particularmente no quiero hacer: sonreír, dar una caminata, hablar con un amigo alegre, para conseguir el resultado que sí quiero.

»Recuerda que el rey no quería practicar la honda; solo quería matar un gigante. El gigante en mi vida era la depresión. Yo no quería practicar mi sonrisa tampoco. Solamente quería matar al gigante. ¿Lo ves?»

—Lo veo —dijo Eric—, en realidad lo veo. Y no quiero ser obstinado con mi pregunta, pero, ¿qué tal si simplemente no soy esa clase de persona?

—Yo tengo esta —dijo Winston alzando la mano—. Muchacho mío —empezó—, si no eres esa clase de persona, entonces debes convertirte en otra persona.

Eric le dio a Churchill una mirada exasperada y estaba a punto de decir algo cuando el primer ministro lo interrumpió: —No estoy bromeando —dijo—. ¡Piénsalo! Si eres pobre, trabajas para conseguir comodidad financiera. Si eres débil, te disciplinas con el ejercicio. ¿Por qué? Porque no te gusta la manera en que te ves o te sientes.

»De la misma manera, somos absolutamente capaces de disciplinar nuestras mentes para cambiar quiénes, lo que, y cómo somos. Por muchos años, cuando me sentía deprimido, ¡actuaba deprimido! En algún punto llegué a entender que la forma en que me comportaba, la forma en que actuaba, en última instancia controlaba el cómo me sentía. Así que me discipliné para actuar de la manera en que quería sentirme».

Juana dijo: —No estoy segura de que soy capaz de actuar de una manera contraria a lo que siento.

—¡Ja! —gritó Winston y señaló a Eric sentado junto a él—. *Él* sabía mejor que decir eso. Cuando Eric sintió miedo en la oficina de Himmler, actuó confiado. Cuando sintió ira al ver que mataban de un disparo a su amiga ante sus mismos ojos, actuó como si no le importara. Este hombre tenía que actuar de una manera contraria a lo que sentía. Si hubiera actuado según se sentía, ¡allí mismo lo hubieran matado!

»Por consiguiente, te propondría, bella Doncella, que hubieron muchas veces en tu vida cuando te alejaste de una confrontación colérica a una reunión que exigía que actuaras de una manera contraria a cómo te sentías en ese momento.

»La autodisciplina empieza con el dominio de la mente. Como el rey tan elocuentemente lo dijo, debes recordar lo que quieres. Es un proceso de pensamiento. *Puedes* aprender a controlar cómo piensas. Y si no controlas cómo piensas, no puedes controlar cómo actúas. La autodisciplina es el puente entre lo que eres y lo que quieres llegar a ser. Y a menos que cambies cómo piensas y actúas, siempre serás lo que eres».

—Gobierna tu mente, o de lo contrario ella te controlará —concordó el rey David. Añadiendo un comentario que no fue sorpresa ni para el presidente ni para el primer ministro, dijo: —Yo también sufrí de los períodos de lo que ustedes llaman depresión.

Lincoln se limitó a asentir cortésmente, pero Winston no pudo contenerse: —¡No! —dijo con horror fingido—. Nunca me lo hubiera imaginado.

En su calidad de rey, David probablemente no estaba acostumbrado al sarcasmo de ninguna clase, mucho menos de alguien que evidentemente no tenía miedo de él como Winston parecía no tenerlo. Pero para su crédito, el rey pareció hallar divertido a este viejo gordinflón. Sonriéndole a Churchill, David preguntó: —¿Cómo va *uno* a saber si alguna vez está deprimido?

Winston miró a todos alrededor de la mesa. —Él está bromeando, ¿verdad? —preguntó. Entonces al rey, le dijo: —Querido señor, soy un ávido lector de tu obra más famosa. Los Salmos son brillantes, por supuesto, y siempre los he hallado perfectamente inspiradores en particular para mí.

»Ahora... ¿cómo sé si tú estabas o no deprimido? Cielos, señor, ¿alguna vez has leído lo que escribiste? Los Salmos son un curso muy creíble de estudio sobre la depresión. Estás feliz. Estás triste. Estás en éxtasis. Te sientes desdichado. Dios te ama. Él te ha olvidado. Y uno puede hallar todo eso en un solo Salmo. ¡Tú haces que yo me vea positivamente estable!»

Para alivio de todos, el rey se rió de buena gana y no solo que los demás alrededor de la mesa se le unieron, sino también todo el teatro. —Todo lo que puedo decir en mi defensa —dijo el rey finalmente —, es que tal vez esos sentimientos son más comunes de lo que yo me daba cuenta.

—Después de mi viaje —dijo David Ponder—, me convertí en lector voraz de biografías. Al leer de las vidas de grandes personas, las de ustedes incluidas, hallé que la primera gran victoria que la mayoría de ellas ganaron fue sobre sí mismas. Eso fue especialmente cierto en cuanto a las emociones. Todas las otras cosas grandiosas que tuvieron lugar en sus vidas vinieron después de que dominaron la autodisciplina. Pero es algo sutil y no a menudo se habla de eso. Todos siempre están buscando diferentes razones para explicar por qué fracasaron y por qué otros triunfaron.

»Además, y ya que estoy en el tema de grandes personajes, me parece obvio que el auto sacrificio es una forma de autodisciplina. Cuando las acciones de uno reflejan los propios intereses de uno, los resultados nunca son buenos para la familia, ni para el equipo, ni la corporación ni el país; o lo que sea que se supone que esa persona debe representar».

—Es verdad —insertó Lincoln—. A menudo he visto a legisladores votar de cierta manera para beneficiar a su estado, sabiendo perfectamente bien que el voto es un detrimento para el país como un todo. Cuando decimos o hacemos cosas en las cuales no creemos, cosas que sabemos en nuestro corazón que no son el mejor interés de muchos, para conservar un empleo, o una posición de poder, es la mentira de la peor clase. Los funcionarios elegidos, pienso, deben prestar atención particular a la forma de autodisciplina conocida como el auto sacrificio.

—Tal vez esta *es* la respuesta —dijo Juana—. Autodisciplina.

—¿Qué más pudiera ser? —preguntó el rey.

—No lo sé —dijo Winston—, pero yo ya me he preguntado eso en otras tres ocasiones.

—La autodisciplina es un acto de inversiones —pensó Eric en voz alta—. Requiere que invirtamos las acciones de hoy en los resultados de mañana. Estoy simplemente diciendo que el exhibir autodisciplina es algo que haría que la humanidad volviera a colocarse en la senda hacia... ustedes ya saben.

—La autodisciplina en exhibición marca a la persona a quien seguir —dijo el rey David—. La autodisciplina fortalece el corazón y la mente. La dignidad, honor, riqueza, influencia, autoridad; todos son productos de este solo principio.

El rey se quedó pensativo. —Cuando me discipliné como pastor de ovejas... cuando me discipliné como guerrero y como gobernante joven. Cuando me discipliné como padre... —hizo una pausa, al parecer perdido en sus recuerdos—. Cuando me discipliné a mí mismo, los resultados de mi vida fueron predecibles. Maté a un gigante; dirigí ejércitos. —Miró a su derecha y hacia arriba en el teatro—. Fui un buen padre cuando me discipliné a mí mismo.

»Pero lo que está a nuestro alcance hacer también está a nuestro alcance *no* hacer. Si no nos disciplinamos nosotros mismos, permitimos que el mundo lo haga por nosotros. Cuando les fallé a mis hombres con el asesinato de Urías... cuando le fallé a mi familia... mi mundo se desbarató. Mis ejércitos se dividieron; mis hijos se rebelaron.

»Sí, me arrepentí y recibí perdón, pero las consecuencias de mis acciones duraron el resto de mi vida. Considero que el que vence sus deseos es más valiente que el que conquista a sus enemigos. El triunfo más difícil es el triunfo sobre uno mismo».

Después de que cada uno miró a los otros por un momento o dos, Eric preguntó: —¿Estamos listos? —Todos miraron a David Ponder.

—Eso pienso —dijo cautelosamente—. Eso pienso. —Cuando nadie discrepó ni tuvo nada más que añadir, David se puso de pie. Con voz fuerte dijo: —Estoy listo con la respuesta.

Mientras Gabriel entraba en el salón, David Ponder se inclinó al otro lado de la mesa hacia Lincoln y le dijo al oído: —Señor... señor presidente... Quisiera que tú presentes esta respuesta, *la* respuesta, a Gabriel... —Al ver que la sorpresa se asomaba en la cara de Lincoln, David añadió—: Por favor, señor, por favor...

Para cuando David había hecho su petición y tomado asiento, el arcángel ya estaba de pie en su lugar usual al extremo de la mesa. —David Ponder —dijo—, espero oír la conclusión de este debate previo. La sabiduría del rey añadió alguna perspectiva, estoy seguro; y tal vez *nuestro* tiempo juntos durante el receso fue de algún pequeño beneficio.

—Sí, Gabriel —contestó David—. Si no te importa, el presidente Lincoln hablará por nosotros esta vez.

El arcángel dio con la mano su señal de aprobación, Lincoln se puso de pie. —Señor —empezó el presidente—, previamente a esta oportunidad, en tres ocasiones hemos convenido y te hemos presentado lo que resultaron ser respuestas erróneas. Creemos, sin embargo, señor, que esos debates nos han conducido a lo que te proponías todo el tiempo; porque la respuesta que presentamos no solo abarca sino que fortalece la restauración de la esperanza, una búsqueda activa de sabiduría, y una obvia exhibición de valentía.

Todos en el salón estaban embelesados por los modales corteses del presidente y la manera lógica en que espontáneamente estaba presentándole la respuesta a Gabriel. Con ambas manos sujetas a las solapas de su chaqueta, Lincoln llegó a la conclusión.

—Señor, hemos determinado que mientras nuestra respuesta es un principio que es difícil para que la humanidad capte y logre, es lo que la humanidad necesita para volver a colocarse en la senda hacia la civilización exitosa.

»Sí, Gabriel... En tanto que la respuesta que ofrecemos es exigente y algunas veces dolorosa, es necesaria. Por consiguiente, hemos determinado que la humanidad debe sufrir una de dos cosas: el dolor de la autodisciplina o el dolor del remordimiento. Nos proponemos tomar esa decisión por la humanidad. "Exhibir autodisciplina", señor, es nuestra respuesta.

El presidente no había interrumpido su contacto ocular con Gabriel todo el tiempo que estaba hablando, pero ahora, habiendo terminado, miró a los demás en busca de apoyo. Sus caras reflejaban la historia. Todos estaban muy esperanzados. La respuesta era lógica, y la manera en que Lincoln la había expresado al arcángel sonaba perfecta».

Pero por buena como sonaba, y por lógica que fuera, la respuesta era errada.

Mientras Lincoln volvía a sentarse, Gabriel les informó su error de la manera usual. Elogió al presidente Lincoln por su presentación, le recordó a David que les quedaba una oportunidad para responder a la pregunta, y salió.

Alrededor de la mesa, solo el rey David pareció quedar pasmado por la derrota. Los otros estaban tomando las cosas de buen grado. —Vaya —le dijo Eric a Lincoln—. Estuviste grandioso. Incluso si la respuesta estuvo errada, tengo que felicitarte por la forma en que hablaste.

—Excelente trabajo —dijo Winston—. Estoy contigo.

Lincoln sonrió sombrío y dijo: —No me preocupa. Nunca logré nada bien sino hasta mi último esfuerzo, de todas maneras. —Se frotó las manos sobre la mesa, y cambiando de tema, dijo—: He estado encantado con este mueble, y con las sillas también, desde la primera vez que los vi. Hermoso trabajo.

—¿Has visto esta mesa anteriormente? —preguntó Winston—. ¿En qué ocasión?

Lincoln se encogió de hombros: —Cené en esta mesa antes. Dos veces.

—¿De verdad? —dijo Winston con algo de asombro en su voz. Frotando sus manos en el borde biselado, musitó—: En realidad es un hermoso trabajo.

—Fue hecha a mano —dijo Lincoln con un guiño en sus ojos—. Por supuesto, como sabes, el Hijo del Jefe es carpintero.

Capítulo 10

El teatro bulló de actividad con los Viajeros agrupados en los pasillos, con algunos grupos llegando hasta el piso. Todos se cuidaban, sin embargo, de no acercarse demasiado a la mesa. Mientras David miraba a su alrededor, pudo notar que estaban comunicándose con una urgencia que no había sido evidente antes. Cada grupo parecía tener emisarios que iban de grupo en grupo, monitoreando lo que se estaba debatiendo y manteniendo a los demás informados.

Por primera vez David distinguió a Ana Frank, que apasionadamente explicaba su opinión al grupo que incluía a Golda Mier y a Teddy Roosevelt. David necesitó de toda la fuerza de voluntad de que pudo echar mano para no correr a Ana y abrazarla, pero restringido por las reglas, no lo hizo.

Mientras contemplaba al mismo grupo, un hombre con una gorra pata de gallo, a quien David reconoció de inmediato como el Oso Bryant, captó su ojo y le hizo una señal con el pulgar hacia arriba. Cuando el viejo entrenador de fútbol estadounidense levantó sus cuatro dedos y sonrió, David se rió fuertemente y devolvió la señal de pulgar levantado. David sabía que el entrenador le estaba diciendo que se mantuviera fuerte; ¡que el cuarto período era suyo!

Mentalmente volviendo a su propio grupo a la mesa, David vio que el debate estaba ya en marcha. —¡Simplemente *no* es! —le decía Winston irritadamente a Eric.

—Está bien —dijo Eric levantando sus manos—. Está bien. Simplemente estoy diciendo que debemos explorarlo todo.

—Ya hemos *explorado* la compasión —gruñó Winston—, ¡y ésa no fue la respuesta!

Eric hizo girar sus ojos, y el rey David vio la reacción.
—¿Puedo tomar prestada tu honda por un minuto? —preguntó
Winston, haciendo que el rey se riera.

—Eric —dijo Lincoln—, pienso que debemos mirar más allá
de este tipo de respuesta. Pienso en lo que ya hemos presentado
hasta aquí: esperanza, sabiduría, valentía y autodisciplina.

En el respiro que dio para continuar, Eric intervino. —Señor
—dijo—, entiendo totalmente. Simplemente no sé adónde más
ir con esto.

—Me perdí algo aquí —dijo David—. Pido disculpas y
lamento por hacerles retroceder, pero...

—Todas las respuestas son similares —dijo Juana.

—Sí —continuó Lincoln—, en tanto que todas parecen
encajar como una pieza del rompecabezas, tal vez esa significación no es tan pronunciada como hemos dado por sentado. En
cualquier caso, «compasión» parece ser una respuesta en el mismo
sentido como esperanza, valentía y las demás. Y obviamente estamos añadiendo la segunda palabra cuando presentamos nuestra
solución a Gabriel, aunque nos sintamos que en alguna de las respuestas una segunda palabra fuera necesaria. En cualquier caso,
todas las respuestas que estamos presentando en efecto parecen
ser lo mismo.

—Estoy de acuerdo —dijo Eric—. Lo mismo para «amor»,
«humildad», o cualquier número de otras virtudes.

—Simplemente creo que debemos ir en una dirección
totalmente diferente —dijo Winston algo petulante—. Lo creo
fuertemente.

—Sí —le susurró Eric al rey y volvió a hacer girar sus ojos—, lo
sabemos. —El rey David pensó que eso era terriblemente divertido.

—Chitón —dijo Juana y le dio una palmadita a Eric por
debajo de la mesa. Tratando de no sonreír, mantuvo su atención
en los demás.

David lanzó un suspiro. —Pero, ¿en qué dirección? —dijo en blanco—. Me siento más lejos de la respuesta ahora que cuando empezamos.

De repente, hubo un estallido de aplauso y voces entusiasmadas en uno de los grupos en el teatro. Detrás de David y Winston, Benjamín Franklin se apresuraba a pasar de un grupo a otro que estaba en el próximo pasillo. Después de un breve momento de comunicación, este grupo también se animó.

Mientras todos en la mesa observaban asombrados, lo que sea que había brotado del grupo de Franklin recorrió todo el teatro. Vez tras vez, oyeron aplausos y que se proclamaba «¡Sí!», Junto con otras expresiones de afirmación. Finalmente, todo el teatro dirigió su atención a los que estaban en la mesa y aplaudieron fuertemente.

David paseó la vista por el salón. Vio de nuevo a Ana, y esta vez ella lo vio. Los ojos de ella se entusiasmaron y con la cabeza le hizo una venia vez tras vez mientras agitaba la mano y aplaudía con todos los demás. Cristóbal Colón estaba parado en su silla, aplaudiendo frenéticamente, y casi se cae sobre Sir Edmund Hillary, quien lo sostuvo y le ordenó que se bajara al piso.

Paul Harvey, en la primera fila, agitó la mano, y cuando él captó el ojo de David, señaló a un anciano caballero negro parado detrás de él. El hombre estaba vestido conservadoramente en traje con chaleco y corbata de lazo. También estaba aplaudiendo, pero no tan entusiasmado como los demás. Conforme el aplauso empezaba a disminuir, David notó una gran parte de la concurrencia estaba mirando al mismo hombre. Mientras todos se sentaban, Booker T. Washington extendió la mano desde la segunda hilera y le dio una palmadita en la espalda. Él se dio la vuelta y sonrió con cortesía, y aceptó lo que parecían ser las felicitaciones del Dr. Washington.

Con la multitud tranquila por fin, todos se volvieron expectantemente a David, quien miró al otro lado de la mesa a Lincoln y le interrogó con una expresión. El presidente sonrió y dijo: —Parece, amigo mío, que el pueblo ha hablado.

—Han hallado la respuesta —dijo Juana entusiasmada.

Eric, un poco más descreído que el resto, moderó su entusiasmo. —Ellos han hallado lo que *piensan* que es la respuesta —dijo—. Harían bien en recordar que ya hemos llegado a eso otras cuatro veces.

—No, esta vez lo es —gruñó Winston. David no estaba seguro si Churchill en realidad pensaba eso o simplemente estaba discrepando para divertirse.

Cuando el rey David señaló directamente al hombre negro en la primera fila, todos en la mesa contuvieron la respiración. ¿Nadie le había dicho al rey que era descortés señalar con el dedo? y, ¿quién, se preguntaban, lo haría? Nadie, resultó. Él anunció: —Fue el etíope. Él descubrió la respuesta.

Eric se inclinó y dijo: —Ah... no pienso que sea etíope.

—Por supuesto que lo es —respondió el rey—. Tienen reputación de ser brillantes.

—En lo que a mí toca —dijo Lincoln—, pienso que es tiempo de llamar a nuestro último asociado. ¿Están ustedes tan ansiosos como yo por oír lo que ellos han acordado?

—Yo sí —respondió David—. ¿Algún otro tiene algo que ofrecer antes de que haga esto? —Nadie lo hizo, así que se puso de pie y por quinta vez, la vez final, dijo—: La cumbre solicita la ayuda de un Viajero.

Por alguna razón David había estado mirando al caballero negro cuando hizo la llamada, y se quedó fascinado al ver que el hombre fruncía el ceño, inclinaba la cabeza, y se volvía para mirar brevemente al Dr. Washington que estaba detrás de él. Después se puso de pie.

David no estaba preparado en ningún sentido para la respuesta que el caballero recibió del teatro cuando avanzó hacia la mesa. Los Viajeros del público todos se pusieron de pie con él. Silbando y aplaudiendo mientras recorría la corta distancia hasta donde ahora se sentaría, ellos de todo corazón mostraban su aprecio a este hombre y su aprobación de su elección.

—Ese hombre cambió el mundo —dijo Winston mientras todos los demás salían de sus sillas para unirse a la ovación.

—¿Quién es él? —preguntó David.

—Ese, amigo mío —dijo Winston—, es uno de los más grandes seres humanos que jamás han andado sobre este planeta. Ese es Jorge Washington Carver.

Carver parecía tener más de setenta años, y su pelo casi a rape estaba casi completamente gris. La corbata de lazo verde que llevaba le caracterizaba como un intelectual, pensó David, pero era la manera en que se comportaba lo que lo destacaba. Parecía sentirse cómodo en su piel. Hubiera sido algo difícil describir, pero la manera en que estrechó las manos de todos en la mesa, la forma en que había reconocido la ovación, y su sonrisa humilde todo añadía a un hombre que se sentía cómodo consigo mismo y con los que le rodeaban.

—Obviamente todos te quieren —dijo David mientras todos tomaban asiento. El anciano tomó la única silla que quedaba vacía, que estaba a la derecha de la de David y hacia el extremo, junto a la del rey.

—Son muy amables —dijo mirando al teatro. Sacudiendo su cabeza en asombro, añadió—: ¡Tengo que decirles que me siento totalmente emocionado al estar sentado aquí! —En la mesa, todos se rieron expresando aprecio, pero antes de que alguien pudiera decir algo, el hombre se inclinó hacia más allá de David para hablarle a Winston: —Señor primer ministro —él sonrió ampliamente— tengo algo para *ti*.

¿Qué pudiera ser? se preguntó David, mientras Carver metía la mano primero en uno de los bolsillos del pantalón, y luego metía la otra mano en el bolsillo del lado opuesto. Sosteniendo un objeto entre el pulgar y el dedo del medio de la mano derecha, Carver le dijo: —¿Lo crees?

Winston extendió la mano para recibir al regalo. Era un centavo Lincoln de 1909, justo como el que él le había dado al presidente anteriormente. —¡Oh, vaya! —añadió Winston—, ¿estás seguro de que quieres que yo me quede con esto?

—Sí —contestó Carver casi rebosando de entusiasmo—. Mira esto. —En su mano izquierda, tenía otro centavo de 1909—. Lo lamento por el resto de ustedes amigos —dijo con una risita—, pero ahora que el presidente tiene uno y el primer ministro tiene otro *de nuevo*, ¡éste es mío!

A Lincoln, le dijo: —Señor presidente, nací en 1864 o 65. No estoy exactamente seguro, pero fue casi justo alrededor del tiempo en que tu guerra terminó. Mi mamá y papá naturales fueron esclavos. Así que cuando tú firmaste la Proclamación de la Independencia, señor, me emancipaste *a mí*.

»Ahora, esta es una experiencia larga, alocada, y no quiero aburrirlos a ustedes buenas personas con esto, pero una pareja blanca: Moisés y Susana Carver, no solo que salvaron mi vida cuando los Bandoleros Quantrill secuestraron a mi familia, sino que me adoptaron.

»Fue mamá Carver quien me dio este centavo cuando apareció en 1909. Había muchos en circulación en ese tiempo, por supuesto, pero ella me dijo: "Jorge, este hombre fue *tu* presidente, y era un hombre maravilloso". Mamá dijo que yo debía recordarte con gratitud en mi corazón y este centavo en el bolsillo.

»De todas maneras —continuó—, ese pequeño retrato tuyo de cobre que acabo de darle al primer ministro fue uno que yo gané por mí mismo poco después de que mamá me dio este primero. Yo quería dos de ellos. Un centavo en cada bolsillo, no lo saben, ¡simplemente parecen darle algún equilibrio al hombre! —Se rió, y los demás se rieron con él».

David comprendió ahora un poco mejor la ovación del público. No fue simplemente que Carver había ayudado con la que fuera la respuesta que estaban a punto de oír. Todos querían a este hombre. *Es extraño*, pensó David. *Las más grandes figuras de la historia del mundo, todas ellas en un salón, y un ex esclavo es la persona más popular en este lugar.*

—Gracias desde lo más hondo de mi corazón, Dr. Carver —dijo Winston, sosteniendo el centavo antes de dramáticamente colocarlo en el bolsillo de su traje—. Ahora podré atesorar esta moneda como recuerdo de dos personas. Gracias, de nuevo.

—¿Dr. Carver? —dijo David—, tengo ansia por oír lo que dijiste allá y que hizo que todos entusiasmaran.

Los demás a la mesa añadieron su estímulo, y Carver empezó: —Pues bien, no puedo recordar quién lo dijo, pero mientras estábamos hablando, alguien comentó que todas estas virtudes que se estaban ofreciendo como «la respuesta» eran componentes de la grandeza. Todo lo que yo dije fue: «No... son meramente componentes del carácter. Es el *carácter* de una persona lo que determina grandeza».

Nadie en la mesa dijo nada. Las cejas se elevaron, y se miraron unos a otros como si esperando que alguien discrepara; pero nadie lo hizo.

—Edificar carácter —dijo Lincoln suavemente—. Por supuesto. ¿Por qué esto parece tan claro como el cristal ahora? Pero piénsenlo: el carácter, no la esperanza sino el carácter, hace completa a la persona.

—La sabiduría se cultiva en lugares tranquilos —dijo Winston—. El carácter se forma en las tormentas rugientes que son la vida humana.

Eric asintió. —Tiene sentido. La valentía por lo general requiere bravura de la mente a riesgo del cuerpo. El carácter requiere bravura de la mente a riesgo de todo.

—¿Qué quieres? —dijo el rey David—. ¿Recuerdas? Esa es la cuestión de la autodisciplina. Y la disciplina del deseo es la misma base para edificar carácter.

Carver sonrió. —«No son las circunstancias, sino solo el carácter lo que hace al hombre». Fue el Dr. Booker T. Washington quien dijo esas palabras. Me dijo eso un día muy caluroso en Tuskegee, Alabama. —Pensándolo por un momento, añadió—: Como ven ahora, las circunstancias vienen y van... son como marea que sube y baja. No solo que no son las circunstancias lo que hacen al hombre, sino que ningún *cambio* en las circunstancias puede reparar un defecto en el carácter del hombre.

—El carácter no es algo con lo que naces y no puedes cambiar —dijo Juana—. *No es* algo con lo que naces. El carácter es una cosa que solo nosotros somos responsables de formar... de cultivar; y lo cultivamos con esperanza, sabiduría, valor y autodisciplina.

—¿Desarrolla la adversidad el carácter? —preguntó Eric.

—No —respondió rápidamente el rey David.

Todos miraron al rey y esperaron que él explicara su respuesta. Al no hacerlo, Eric dijo: —Bieeeen.

Lincoln contuvo una risita y dijo: —Si me permiten... Ciertamente, jamás me compararía con el rey, pero —inclinó la cabeza hacia Winston—, pienso que el primer ministro y yo, habiendo ocupado cargos de autoridad, tenemos alguna idea del marco mental del cual se originó la última respuesta.

Winston parpadeó lentamente e hizo una ligera venia reconociendo las palabras del presidente. Lincoln continuo: —¿Edifica la adversidad el carácter? Estoy de acuerdo que no lo hace. Casi todos pueden resistir la adversidad de un tipo u otro. Si quieres probar el carácter de una persona, dale poder.

»Ahora, puesto que estamos interesados aquí con el mismo futuro de la humanidad, permítanme añadir algo más. El poder corrompe. Créanme esto. Y debido a que el poder corrompe, la necesidad de la humanidad en cuanto a que los que ostentan el poder sean individuos de alto carácter, aumenta conforme aumenta la importancia del cargo de liderazgo.

»Estamos hablando de carácter, ¿verdad?, no de inteligencia. Algunos de los líderes más inteligentes de la historia han producido desastre en sus naciones debido a que la inteligencia es impotente para modificar el carácter. El gran liderazgo es producto de gran carácter; y por eso es que el carácter importa».

Winston miró a Carver. —Señor —añadió—, he visto la estatua y placa que existe de ti en Londres. —A los demás, comentó—, el doctor Carver es un miembro elegido de la Sociedad Real de Estímulo a las Artes; la organización científica más antigua del mundo. —De nuevo A Carver, siguió—. Hay estatuas de ti en Rusia, India, y en todo el continente africano.

Recordando más que quería decir, Winston se dirigió de nuevo a todos en la mesa: —Este hombre vivía en un diminuto departamento en el plantel del Instituto Tuskegee. Franklin y Eleanor me contaron un poco de esto, de paso. En ese diminuto departamento fue a quedarse el príncipe coronado de Suecia; no para visitar una tarde, ¡sino para quedarse por una semana! Mahatma Gandhi vino desde la misma India; pasando de largo Washington, D.C.; y fue directamente a Tuskegee. Henry Ford, Tomás Edison, estos hombres y muchos otros hallaron su camino a ese departamento. Allí pasaron la noche, se sirvieron sus comidas... todo en la presencia de este hombre.

—Dr. Carver, señor —dijo Winston cambiando de posición en su silla de nuevo—, no sé si tú lo sabes, pero existe en

Missouri, el estado de tu nacimiento, un monumento nacional a tu honor. Este, señor, fue el primer monumento nacional en la historia de Estados Unidos de América establecido para una persona de tu color. Pero el color nunca ha sido relevante. La raza que representas es la raza humana; y somos más grandes porque tú formas parte de ella.

El discurso de Churchill fue típico suyo. Las palabras se formaban hermosamente y se enunciaban con pasión. El sujeto del discurso, Jorge Washington Carver, estaba tan asombrado como todos los demás en el salón. La capacidad del primer ministro de comunicar sobrepasaba lo extraordinario. Y fue por eso que todos se rieron cuando Winston miró alrededor y añadió para terminar: —¡Él hizo un montón de cosas con plantas!

Cuando la risa se apagó, Juana preguntó: —¿Qué hiciste con plantas, Dr. Carver? Lamento no saberlo, pero tengo curiosidad.

—Querida hija —dijo él bondadosamente—, no fue gran cosa, en realidad. Simplemente estaba tratando de ayudar a algunos agricultores y acabé figurándome unas pocas maneras adicionales para usar lo que ya estaba allí.

—Ah, vamos —bufó Eric de buen grado—. Yo mismo sé un poco en cuanto a ti. —A Juana le dijo—: Él descubrió casi trescientos usos para el maní, y como cien para el camote. Todas esas cosas todavía se usan por hoy. La rotación de cultivos, granos de soya en plástico, algodón para adoquines, trozos de madera en mármol sintético...

Eric hizo una pausa y pensó por un momento, se iluminó y dijo: —Lo tengo. Escuchen esto. Esta cita está tallada en el monumento a Jorge Washington Carver: «Él podía haber añadido fortuna a la fama, pero sin importarle ni la una ni la otra, hallo felicidad y honor en ser útil al mundo». —Poniendo su mano sobre la mesa, añadió—: Eso, amigos míos, es carácter.

Ignorando a Carver por el momento, Winston contempló fijamente a Eric y preguntó: —Esa última parte, la cita, ¿cómo la recordaste?

Eric respondió con una sonrisita. —Señor primer ministro, tú no eres el único que ha leído libros. Y en cuanto a recordar, tengo «memoria total» respecto a mapas, planes, cualquier cosa escrita. Recordar cosas es lo que hago.

—Eh, sí —dijo Winston sombríamente. Con una gran sonrisa repentina y levantando el pulgar hacia Carver, dijo—: Toda una reputación, ¿verdad?

Carver frunció el ceño ligeramente. —Si pudiera... —dijo. Notando su expresión, todos pusieron atención—. En tanto que aprecio debidamente sus bondadosas palabras, pienso que debo insertar aquí un recordatorio de que no es la *reputación* en lo que uno debe preocuparse. Es el carácter. No puedo recalcar esto lo suficiente.

»¿Qué es lo que la humanidad debe hacer, individual y colectivamente, para volver a colocarse en la senda hacia la civilización exitosa? La respuesta, y pienso que concordamos, es que debemos edificar carácter. Debemos edificar carácter en nuestros hijos. Debemos cultivar carácter en nosotros mismos. Debemos insistir en la presencia de carácter en nuestro liderazgo; ¡insistir en él! ¿Acaso la historia no nos muestra que nuestros líderes son una parte crítica, tal vez *la parte* más crítica, del peregrinaje de la humanidad en cualquier senda que jamás ha recorrido? Una persona nos conduce sobre una senda, en tanto que otro líder puede escoger una dirección enteramente diferente.

»Así que, por favor, recordemos que es el carácter, y no la reputación, que es la respuesta. Si edificamos carácter, nuestras reputaciones se cuidarán a sí mismas».

—Es verdad —dijo Lincoln—. La reputación es meramente lo que otros piensan que uno pudiera ser. El carácter es lo que en realidad somos. El carácter es lo que un hombre *es* en la oscuridad.

David dijo: —Esto me entusiasma. Pienso que lo tenemos. Pero antes de que pasemos a cerrar esto, hablemos un poco más en cuanto al carácter mismo. ¿Cómo se determina? ¿Cómo se edifica?

Juana dijo: —Creo que *mi* carácter, cualquiera que pudiera haber sido, es resultado de la sabiduría que busqué, las personas con quienes me asocié, la forma en que escogí invertir mi tiempo, y la disciplina que impuse sobre mi actitud. —Después de hacer una pausa para pensar, añadió—: Pienso que mi carácter es la suma total de mis hábitos.

—Nada muestra más el carácter de una persona que sus hábitos —concordó el rey David.

—Las cosas que divierten a una persona revelan mucho —interpuso Eric—. Las cosas por las que uno se ríe, por las que llora, lo que le disgusta o no... se los digo —dijo—, la manera en que las personas ven al mundo y reaccionan a sus semejantes es una indicación gigantesca de su carácter.

Todos se miraron unos a otros, y desde el público, un principio de aplausos se convirtió en un estruendo. Todos en la mesa sonrieron con alivio y expectativa. Cuando el aplauso se apagó, David miró a todos. —Eso es —dijo—. ¿Tiene alguien más que decir algo antes de que llamemos a Gabriel?

—Pienso que has hecho un trabajo maravilloso —dijo Winston—. Tú alcanzaste la nota precisa al dirigir a este grupo. —A los demás, les preguntó—: ¿No piensan así?

—Absolutamente —dijo Juana—; y gracias *a ti*, señor —añadió, dirigiéndose a Carver.

Aceptando la gratitud de Juana, Carver la desvió. —Ciertamente este es un esfuerzo de grupo. Yo no cambié nada... simplemente añadí una pequeña pieza al rompecabezas. —Miró al público, y mientras lo hacía, David se puso de pie y aplaudió a los que estaban en los asientos del teatro. Los demás, incluso el rey, se unieron para mostrar aprecio por la contribución de ellos.

—Estoy listo con la respuesta —dijo David pocos minutos después.

Mientras la puerta se abría y Gabriel entraba, David le preguntó a Carver si él haría el honor de hacer la presentación final. Pero no, puesto que no era su deseo, el hombre humilde difirió: —Tú haces esto, David —dijo—. Todos hemos sido parte de ella, pero yo quiero que tú presentes el remedio a este reto. Los demás sonrieron y asintieron mostrando acuerdo.

Gabriel no dijo absolutamente nada. Simplemente fue al lugar en donde había recibido las respuestas anteriormente. Esta vez, sin embargo, David sintió algo diferente. No le perturbó que el arcángel guardara silencio. No se intranquilizó por la situación o la enormidad de las palabras que estaba a punto de pronunciar. Para empezar, David repitió lo que ya había dicho otras cuatro veces: —Gabriel —dijo David—, estoy listo con la respuesta.

Sin ningún otro movimiento discernible, el arcángel simple y lentamente asintió con la cabeza. Era señal para que David empezara, y así lo hizo.

—Gabriel —empezó—, como grupo apreciamos la oportunidad que hemos tenido de reunirnos. Nuestros esfuerzos infructuosos para responder a la pregunta que se nos encargó ultimamente nos condujeron no solo a la respuesta misma, sino a un mayor conocimiento para beneficio de la humanidad como un todo. Las soluciones previas que exploramos, aunque incorrectas, *en efecto* lograron traernos a lo que ahora reconocemos como *la* respuesta.

David se tranquilizó. Gabriel ahora estaba asintiendo. Era algo ligero, pero David vio el gesto del arcángel, y conforme hablaba, la confianza de David aumentaba. —Fue la exploración de la esperanza, Gabriel, lo que nos permitió empezar esta búsqueda con gran energía y expectación.

»Buscamos sabiduría, y nuestra esperanza empezó a adquirir mejor forma. La comprensión que ganamos en cuanto a la necesidad de valor impulsó la esperanza y la sabiduría a la acción, y a una búsqueda más amplia de en dónde pudiera estar la verdadera respuesta. Y aunque desalentados, nuestra propia exhibición de disciplina propia nos mantuvo en la carrera lo suficiente como para desarrollar —David levantó el mentón— lo que la humanidad también necesita desarrollar; y eso sería... carácter.

»Así que la respuesta, señor, es que la humanidad, con su atención concentrada en "cultivar carácter", volverá a colocarse en la senda hacia la civilización exitosa.

Le llevó solo un momento al arcángel sonreír, y cuando lo hizo, vivas estallaron de todo rincón del salón.

Capítulo 11

La celebración se extendió a la concurrencia. David se volvió para estrecharle la mano a Winston, que a tropezones buscaba un cigarro. Carver se puso de pie, mirando al otro lado de la mesa y al público. Agitó la mano al Dr. Washington, que tenía ambos puños en el aire y con una gran sonrisa de victoria.

Juana estrechó formalmente las manos de Eric, que saludaba a los amigos que descendían de varias hileras del teatro. Todos desbordaban de emoción, y nadie, parecía, sentía la necesidad de observar los límites entre el público y la mesa. Era con todo una vista extraña, pensó David, al observar al rey de Israel abrazar al Dr. Carver; el «etíope».

David se volvió y por poco su doceañera favorita lo hace caer. Ana Frank había descendido del pasillo lo más rápido que podía, y ahora, cerca por fin a su amigo, saltó a los brazos de David, y él la alzó para hacerla girar.

Depositándola de nuevo en el piso, David se rió mientras Ana empezaba a hablar. Se había olvidado cómo ella había pasado de un tema a otro, conversando sin detenerse. —Estoy muy orgullosa de ti —dijo ella—. Estoy orgullosa de todos ustedes. El rey David también es mi amigo. ¿Pueden creer que ustedes dos tienen el mismo nombre? ¿Sabías que yo lo conocía? La señora Mier nos presentó. *¿Tenemos* tiempo para conversar? ¿Tienes dónde quedarte?

Cuando Ana hizo una pausa para respirar y continuar, David vio que el semblante de ella palidecía. Su sonrisa, que había sido tan intensa apenas un minuto antes, titubeó mientras una pregunta se formaba en sus ojos. Había sido apenas por un segundo que ella desvió la mirada, pero ahora ella miraba más allá de él con una expresión confusa.

Rápidamente David se volvió para ver lo que había captado la atención de Ana. La celebración todavía tenía lugar con fuerza plena, excepto, como lo vio de inmediato, por unos pocos en cuyas caras se veía la misma expresión de perplejidad. La extraña reacción en medio de toda la alharaca le hizo buscar rápidamente el objeto de su atención. —¿Qué pasa? —le preguntó David a Ana—. ¿Qué anda mal?

Con los ojos y la cabeza, ella señaló en cierta dirección para que David mirara. Cuando lo hizo, la misma expresión afloró en su cara. Ahora, por todo el salón, las celebraciones se iban apagando, y todo quedaba cada vez más en calma conforme un grupo pequeño, y luego otro, empezaban a darse cuenta de que algo andaba mal.

El presidente Lincoln no se había levantado de su asiento. De hecho, miraba como si no se hubiera movido. Por cierto no estaba sonriendo; ni siquiera esbozo de sonrisa. Su mirada estaba firmemente fija en Gabriel, a quien David vio ahora que tampoco se había movido.

Todo había pasado tan rápidamente, y ahora la mente de David trataba frenéticamente de recordar exactamente lo que *había* sucedido. Él había respondido a la pregunta... el arcángel confirmó la respuesta... el alivio se regó a todos... la celebración empezó...

Conforme el silencio total iba llenando el teatro, David vio que Gabriel ya no sonreía y devolvía la mirada del presidente como si cada uno supiera lo que el otro estaba pensando. *Ya no sonríe*, pensó David. Entonces una oleada fría de miedo le llenó. *Sonrió*, David súbitamente se dio cuenta. Casi sin poder respirar, David todavía tenía su mente trabajando febrilmente. *Gabriel sonrió. Tan solo sonrió. Dimos por sentado...*

El arcángel interrumpió el silencio del salón, pero no su contacto ocular con el decimosexto presidente de Estados Unidos de América. —¿Tienes una pregunta? —preguntó.

Sin moverse, el presidente simplemente dijo: —¿La respuesta fue incorrecta?

—Sí, Abraham Lincoln —respondió Gabriel—, la respuesta fue incorrecta.

Lincoln hizo una venia lentamente. Ciertamente no había nada más que decir, y el aire se había escapado del salón en cualquier caso.

El arcángel miró alrededor del teatro y dijo: —Como siempre, ustedes bien pueden continuar su conversación en este lugar o en cualquiera de los otros lugares provistos. —Mirando a David, continuó—. Dando por sentado que a lo mejor ustedes quieren quedarse un tiempo más, ahora me voy. Pronto volveré para escoltarte a casa. —Con eso, el arcángel avanzó hacia la puerta, que había empezado a abrirse.

David se había sentido horrorizado antes, pero ahora sintió que la furia le llenaba. Era inconcebible que el arcángel jugara con ellos de esa manera; que deliberadamente les permitiera pensar que todo se había salvado cuando, en realidad, todo estaba perdido. David abrió la boca para hablar, pero se detuvo cuando Gabriel se dio la vuelta al llegar a la puerta.

Por furioso que estaba en ese momento, David con todo logró captar algo en los ojos del arcángel que le hizo optar por quedarse callado. Más bien, oyó la confesión más extraña que él jamás pudo haberse imaginado.

—Viajeros —dijo Gabriel—, como ser divino, nunca se me ha concedido experimentar aflicción o tristeza. Gozo, sí; entusiasmo, sí; un sentido del deber, sí. Lo que ustedes llaman sentimientos de tristeza, o remordimiento, simplemente no son parte de mi naturaleza. Como ya les he dicho antes, soy un servidor.

Miró a Juana. —Cuando te ayudé en la tierra hace tantos años, lo hice por petición de Él. Por favor, debes saber que fue con *gozo* que atendí tu petición. Incluso en la hoguera tu cuerpo tenía miedo y yo no supe cómo ayudar, así que te colmé de mi gozo. ¿Lo recuerdas? —Cuando Juana asintió con la cabeza, el arcángel continuó—, y en verdad yo estaba gozoso, porque sabía que tu tiempo de sufrimiento había llegado a su fin.

»Hace momentos, no fue mi intención hacerles errar con el gozo que expresé. —Volviéndose a David dijo—: Tantas veces con los Viajeros he deseado saber cómo te sientes. Ustedes son muy extraños para mí... mi pensamiento momentáneo fue de gozo por sus logros».

—Gabriel —dijo David más bien fríamente—, no logramos nada.

El arcángel parecía perplejo. —He tratado arduamente de entender a los seres humanos. Daba por sentado que ustedes *creían* que hay valor en la lucha. Ustedes dicen, y yo mismo les he *oído* decir, que los vientos de la adversidad hinchan las velas del logro.

Alguien dejó escapar un gemido. David estaba colérico de nuevo. No podía evitarlo. —Ese es un dicho, Gabriel. Es una cita. No sé quién la dijo, probablemente alguien en este salón, pero es simplemente un dicho.

—No lo entiendo —dijo Gabriel.

David quería gritar. Raras veces se había sentido tan frustrado con alguien en su vida. *No puedo creerlo*, se dijo para sus adentros, procurando desesperadamente mantener la calma, *que estoy aquí parado tratando de explicarle a un arcángel lo que es el «estímulo»*. —Es un adagio, Gabriel. Una perogrullada. ¡Es algo simplemente que uno le dice a alguien de modo que siga peleando aun cuando todo parezca sin esperanza!

El arcángel frunció la frente, pensó por un momento y dijo: —Oh.

Luego se dio la vuelta y salió por la puerta.

Si David había estado furioso antes, no era nada comparado a esto. Si hubiera podido empuñar algo con sus manos, lo hubiera lanzado.

La cara de Winston estaba de color rojo profundo. —Me hubiera gustado darle un puñetazo a ese ángel justo en las alas —dijo.

—Entiendo cómo te sientes —replicó Juana—, pero créeme; ni siquiera lo trates. Él es un arc...[[creo que aquí Joana le está corrigiendo a Winston que siempre se equivoca en llamarle un ángel en vez de arcángel.]]

—Lo sé, lo sé —musitó Churchill y se alejó.

—Supongo que me siento... pues bien, dolido —dijo Carver—. He trabajado con Gabriel yo mismo, varias veces, y nunca esperé que se burlara. —Se detuvo y pensó por un momento, y luego le dijo a Eric—: Eso fue lo que hizo; ¿verdad? Le dio la vuelta a nuestras palabras, y se fue. Yo *nunca* —repitió—, *nunca* esperé que se burlara.

—Estoy acostumbrado a que los *seres humanos* actúen como locos —dijo Eric—, pero estoy contigo. Nunca esperé eso de un arcángel.

Por todo el teatro, era lo mismo en todos los grupos. Los Viajeros estaban dolidos, furiosos y confusos. Parecían buscar algún tipo de entendimiento o consuelo reuniéndose en grupos con sus colegas. El Oso Bryant estaba de pie con John Wooden y Jesse Owens. El entrenador Bryant le puso una mano sobre el hombro a David y lo oprimió al alejarse.

David se dejó caer pesadamente en uno de los asientos del teatro. Al otro lado del salón, Lincoln y Churchill estaban de pie con Adams, Jefferson, Golda Mier, y el viejo amigo de Churchill, Franklin Delano Roosevelt. Jorge Washington y Teddy Roosevelt estaban rodeados de otro grupo de presidentes y líderes mundiales.

David estaba solo. Los otros Viajeros, parecía, estaban dándole un momento para que se recuperara. *O acaso me están evadiendo debido a que lo eché todo a perder,* pensó David tétricamente. Cerca de la mesa, Red Grange y Jim Thorpe hablaban calladamente con Babe Didrikson Zaharías, mientras que detrás de él, en la hilera cuatro, Edison y Einstein todavía estaban conversando. Ana se sentó junto a David y, tomando su mano entre las de ella, no dijo ni una palabra.

Juntos contemplaron cómo la gente se movía alrededor del teatro, saludando a viejos amigos y conversando en voz baja. Bob Hope, Bing Crosby, y Lucille Ball. Napoleón Hill, Og Mandino, y Noé... o era Moisés (David no pudo distinguirlos). Todo hubiera sido divertido sino se sintiera tan desdichado.

Benjamín Franklin se sentó al otro lado de Ana. Quitándose los anteojos, los limpió con un pañuelo y los volvió a colgar sobre la nariz. Le sonrió a David y lanzó un suspiro. —No sé qué decir —con un ademán señaló al salón, y añadió—: No pienso que ellos tampoco lo sepan, pero quiero decirte que todos pensamos que te desempeñases admirablemente. Fue una tarea difícil, señor Ponder. Ninguno de nosotros podría haberlo hecho mejor.

David estaba a punto de decir «Gracias» o «¿Y qué importa?», o cualquiera otra de las diez cosas que le pasaban por la mente, cuando un pedazo de papel arrugado voló sobre las cabezas y aterrizó en medio del piso. Ana, David y Franklin se volvieron para ver de dónde había venido, y era obvio a primera vista que bien sea Einstein o Edison lo habían arrojado. Los dos científicos estaban ahora casi nariz con nariz.

Ana cruzó el piso para recuperar la basura. Mientras estaba fuera del alcance del oído, David le susurró irritado a Franklin: —¿Qué demonios están ahora discutiendo? —El estadista atisbó por encima de sus anteojos—. En primer lugar —dijo Franklin—, no blasfemes; y *especialmente* no con *esas* palabras. No aquí. —Sonrió—. Muchos de nosotros nos escapamos por un pelo, una decisión a último momento, y preferiríamos que no se nos recuerde cuán cerca estuvimos al destino alterno.

Ana volvió y se sentó. Le pareció a David que después de que hubiera recogido la basura, algo que su hija hubiera hecho cuando tenía doce años, pensó, que Ana buscaría un lugar para depositarla. *No hay ni un solo recipiente de basura en todo lugar, apuesto,* pensó David para sus adentros y le extendió la mano a Ana. Él no pudo evitar sonreír cuando, justo como Jenny lo hubiera hecho, la niña puso la basura en su mano sin pensarlo dos veces.

Embutiendo la bola de papel en el bolsillo de su pantalón, David se distrajo de nuevo por los dos hombres que tenía detrás. —Sin broma —le dijo a Franklin—, ¿acerca de qué están peleando?

Franklin se rió y se revolvió en su silla. Sin siquiera mirar detrás de él, dijo: —Lo de siempre; esta vez con un giro diferente. Pienso que por eso están tan alterados.

—¿Qué es lo mismo de siempre? —preguntó David.

El padre fundador lanzó un suspiro. —Tomás Edison tenía miedo de la oscuridad. Muchos nunca supieron esto de él. Se avergonzaba...

—Espera —interrumpió David—. ¿El tipo que inventó el bombillo eléctrico tenía miedo de la oscuridad?

Franklin inclinó la cabeza y volvió a mirar por encima de los anteojos. —¿Por qué piensas que trabajó tan duro para triunfar en esa tarea en particular? —Se tranquilizó de nuevo—. En cualquier caso, sí, eso es verdad. Tomás Edison tenía miedo de la oscuridad. Unos pocos en la tierra lo sabían, por supuesto, pero *aquí* es conocimiento común. De hecho, Tomás está muy orgulloso de eso.

—¿Por qué iba a estar orgulloso de eso? —preguntó David.

—Porque llegó a ser su mayor recurso en la tarea específica de inventar el primer bombillo eléctrico. Esta tarea, cuando finalmente triunfó, llegó a ser su mayor logro. Estoy seguro que has oído el episodio —Franklin se inclinó—. Tomás todavía lo repite ad náuseam, ¿verdad, Ana? —La niña se rió con risitas y asintió—. Miles de fracasos antes de «¡Eureka!», e inventó el bombillo eléctrico. —Franklin había lanzado sus manos al aire cuando dijo, «Eureka» aparentemente imitando a Edison. Ana se destornilló de risa.

Concluyendo, Franklin dijo: —Así que esa es la base de su discusión con Alberto; y eso es lo que está martillando hoy. Afirma que el temor y adversidad deben conducir a la acción, y que el hombre debe continuar actuando contra el temor y la adversidad, produciendo irrupción tras irrupción hasta que muera. Edison a la larga obtuvo 1093 patentes por sus invenciones, como sabes.

Franklin miró a Ana y volvió a imitar a Edison. —Y, ¿qué tal si yo me hubiera dado por vencido? ¿Qué tal si hubiera cedido a mis dudas y temores? ¿Dónde estaría el mundo hoy? —Eso fue lo más divertido que Ana jamás había visto. En realidad, a pesar de su desánimo, David también pensó que era bastante divertido.

David volvió a mirar a los científicos. —Así que... ¿qué? ¿Piensa Edison que debemos seguir trabajando en la respuesta a la pregunta que propuso Gabriel?

Franklin se encogió de hombros. —Y eso nos lleva a Alberto. Nadie más *sino* Alberto se atrevería a discutir *algo* con Tomás Edison, por supuesto. Pero Alberto dice: «Los problemas significativos que enfrentamos no se pueden resolver al mismo nivel de pensamiento con que los producimos».

—Yo también creo eso —dijo David—. Si una persona no crece y cambia, y se vuelve más... pues bien, creo eso.

—Yo también —dijo Franklin—. Pero Alberto argumenta que, excepto por ti, han puesto a las personas erradas a cargo de resolver el problema.

David frunció la frente. —¿Excepto por mí? ¿Personas erradas? ¿Qué quieres decir?

El estadista esbozó una sonrisa. —¿No lo ves? Alberto contiende que *nosotros* somos las personas equivocadas para resolver este «problema significativo» debido a que *nuestro* «nivel de pensamiento» debe ser fijo.

De nuevo David frunció el ceño y sacudió la cabeza, de modo que Franklin trató de explicarlo de nuevo. —Alberto dice que nuestro nivel de pensamiento debe ser fijo... inalterable... establecido... permanentemente sin movimiento hacia adelante; porque estamos *aquí*. Su aseveración es que cuando llegamos *acá*, nuestra capacidad de ampliar nuestro nivel de pensamiento, en términos terrenales, se acabó. Así que Alberto dice que se te pudiera haber dejado en casa y que resolvieras esto por cuenta propia.

—Uh —musitó David—. Así que, ¿a quién le crees tú?

Franklin miró alrededor para asegurarse de que nadie lo oía. —Edison.

—¿Por qué Edison? —preguntó David.

—Porque —explicó Franklin—, aprendí a nunca dudar de la sabiduría de Gabriel. Él es un servidor, ¿verdad? Quiero decir, ¿cuán a menudo dice él eso? Y dudar del servidor sería dudar de Aquel a quien él sirve. Tú fuiste traído aquí por una razón, amigo mío. —Se detuvo, y luego continuó—. Es difícil oponerse a Alberto, sin embargo. Él tenía razón en ese asunto del viaje por el tiempo.

—Así que yo fui traído aquí por una razón —dijo David—. ¿Fue la razón que yo fracase?

—No, por supuesto que no —insistió Franklin—. Volviendo a Gabriel. ¡Dudar del servidor sería dudar de Aquel a quien él sirve! ¡Gabriel no te trajo aquí para que fracases, porque tú no fuiste creado para el fracaso! David Ponder. Recuerda quién eres. ¡Tú eres Todohombre! Fuiste creado para aprender, para llegar a ser... para luchar contra los vientos de resistencia. ¡Fuiste creado para triunfar!

—Entonces, ¿por qué nosotros, por qué yo fracasé?

—No lo sé —dijo Franklin, frunciendo la frente y sacudiendo la cabeza—. Hay algo más. Simplemente lo sé. ¿Alguna vez has tenido un pequeño cosquilleo justo fuera del campo de tu conciencia... una palabra que no puedes recordar... algo que se te escurre por entre los dedos?

David asintió.

—Así es como me he sentido desde que el arcángel salió del teatro.

—Yo simplemente he estado furioso —dijo David, y Franklin contuvo una risita.

Por un tiempo se quedaron simplemente sentados allí. Franklin cruzó los brazos y se tranquilizó físicamente. Cerró los ojos y pareció haberse retirado de la conversación. Ana le tomó a David por la mano, y los dos contemplaron mientras los Viajeros se movían por el salón de un grupo al siguiente. *No hay ni urgencia ni en sus voces ni en sus movimientos ahora*, pensó David. *Se acabó.*

Como cinco minutos habían pasado cuando, de repente, Franklin abrió los ojos, se levantó, e hizo que David se pusiera de pie. El hombre que había ayudado a formar una nación había tomado a David por el brazo diciéndole: —Rápido. Ven conmigo.

David y Ana siguieron a Franklin, que pasó a Lincoln y preguntó formalmente: —Señor presidente, ¿nos haría el favor de acompañarnos?

Lincoln miró a David, que se encogió de hombros y siguió a Franklin con David y Ana viendo a Benjamín Franklin caminar tan rápidamente contra el trasfondo de personas que no se movían, y eso captó la atención de Churchill. Winston se sintió curioso y también se unió al grupo pequeño.

Franklin se detuvo junto a la mesa frente al reloj de arena y preguntó dramáticamente: —¿Qué ven?

David habló por los demás: —¿Un reloj de arena?

—No simplemente *un* reloj de arena, mi buen amigo. —Franklin arqueó su frente misteriosamente—. Esto —dijo—, es *el* reloj de arena.

Todos miraron de nuevo. —Exacto —dijo Winston—. Es *el* reloj de arena que ha estado inmóvil allí todo el tiempo que hemos estado hablando.

—No, no y no —le dijo Franklin, sacudiendo su cabeza de atrás hacia adelante—. No sean obtusos. Mírenlo.

Lo hicieron; y de nuevo volvieron a mirar a Franklin. Todavía nada.

Franklin aspiró profundamente y exhaló ruidosamente. —Está bien, gente... —dijo como si les advirtiera a no errar de nuevo—. En relación a la cantidad de arena con que empezamos esta fiestecita, ¿cuánta arena hay en la parte superior del reloj de arena en este momento?

Todos miraron con atención, y Winston dijo lo que David había estado pensando. —Queda un poquito.

—¡Exactamente! —dijo Franklin jubiloso—. Eso pensé. No siempre teniendo el reloj de arena a mi vista, me fue difícil seguir el rastro de cuánta arena iba cayendo. *En efecto* yo llevo cierto rastro del tiempo, como saben. —Todos lo miraron alelados—. ¿«No desperdicien el tiempo, porque de eso es de lo que está hecha la vida»?, ¿«El tiempo es oro»? «¿El tiempo perdido nunca se vuelve hallar»? «¡Tú puedes atrasarte, pero el tiempo no espera»! —Los miró expectantemente. De nuevo, no hubo ninguna expresión de reconocimiento en sus caras—. Oh, vamos ahora —dijo—. Esas son citas mías, *mis* adagios. De seguro que ustedes deben haber oído algunos de...

Franklin no había visto a Winston hacerle un guiño a Lincoln. Aclaró su garganta, dejó el tema y continuó. —El punto que estoy *tratando* de martillar es que yo tengo un interés particular en el paso del tiempo. Siempre lo he tenido. Así que allí estaba yo sentado en el teatro, preocupándome mientras ustedes en la mesa se reían, y hacían bromas, y se contaban unos a otros experiencias *de* unos y otros. ¡Fue suficiente para casi sacarme de mis casillas!

»Pero cada vez que me las arreglaba para echarle un vistazo al reloj de arena, me parecía que a ustedes todavía les quedaba abundante tiempo».

Winston frunció el ceño. —Me lo pusieron al frente, como sabes. Justo al frente y un poco a la izquierda de donde yo estaba. Le echaba un vistazo a menudo, y varias veces pensé que mis ojos me engañaban. Como tú, yo pensé, *Aquí estamos desperdiciando tiempo*. Pero, de nuevo, siempre parecía haber suficiente arena. Como si no hubiera el peligro de que se acabara. —Hizo una pausa y pensó—. Excepto por esa una vez.

—¿Cuándo? —preguntó Franklin—. ¿*Exactamente* cuándo?

Winston miró a los demás como tratando de recordar el momento específico. —Fue después de que Gabriel nos echó su discurso. Hasta donde recuerdo, él se había ido y nosotros estábamos hablando acerca de la perra negra. —Miró a David—. Tú estabas desalentado, todos lo estábamos, en realidad, y empezamos a hablar sobre la depresión.

Los otros asintieron, y Churchill continuó, todavía ensimismado en sus pensamientos. —Justo al principio de esa discusión, miré al reloj de arena, y pensé que estaba casi vacío. Me volví a todos ustedes, y estaba esperando una oportunidad para decirles que se olviden de la conversación, ¡y simplemente hagan que el próximo Viajero venga acá! Un minuto o dos más tarde, miré de nuevo y la arena estaba hasta arriba otra vez.

—Así que empecé a mantener un ojo sobre ese reloj. —Encogió uno de los hombros—. Francamente, siempre me he considerado un poco tonto, sé que no puedo ver bien, por consiguiente, nunca dije nada.

—Tú no eres tonto, Winston —dijo Franklin—. No en este lugar, no lo eres. Como ya dije antes, pienso que este debe ser *el* reloj de arena. El reloj de la humanidad.

David frunció el ceño con incredulidad, y Franklin dijo: —¿Por qué no? ¿Por qué no iba Él a poner el reloj de arena de la humanidad justo ante nuestros ojos? Desde el principio se nos ha asegurado que la humanidad posee el poder de decidir.

—Piensen conmigo —dijo Franklin—. Cuando la humanidad se comporta sabiamente, ¿sería concebible que pudiera haber más tiempo en el reloj de la humanidad? Cuando la humanidad se comporta neciamente y con desprecio, ¿estaría la humanidad en una cuerda más corta?

Franklin miró de uno a otro mientras se paraban en medio del teatro. Podía decir que estaban convenciéndose de lo que él estaba sugiriendo. Señaló al reloj de arena y dijo: —¡Mírenlo! ¡Este es el reloj de la humanidad!

Entonces su cara palideció. —Ay, no —dijo como para sí mismo—. Ay... no. —El grupo se aglomeró más cerca de Franklin en un esfuerzo por oír lo que estaba diciendo.

—¿Qué? —preguntó Lincoln—. ¿Qué anda mal?

—Miren la arena —dijo Franklin pausadamente—. Miren la arena.

Lo que había visto, lo que ahora veía, era que la arena de la parte superior del reloj de arena, aunque todavía estaba allí, había descendido precipitadamente.

—Lo vemos, Franklin —dijo Lincoln con urgencia y preocupación en su voz. Pero ellos *no* lo vieron. Hubo que decírselos.

—Dos cosas muy rápidamente ahora —dijo Franklin con la voz temblándole—. Una: El tiempo se está acabando, ¿lo ven? —señaló y ellos asintieron—. Dos —Franklin los miró— todavía hay tiempo.

—Caballeros... y damas —dijo, dirigiéndose a Juana y a Ana—, todavía hay tiempo. Si todavía queda algo de arena en el reloj de la humanidad, todavía hay tiempo para la humanidad.

—Pero ya agotamos todas las cinco oportunidades para responder —dijo David.

Lincoln intervino. —No pienso que eso importe, David —dijo—. Todo eso con Gabriel... ¿qué fue lo que él dijo? —La mente del presidente funcionaba desesperadamente. Sacudió la cabeza como si hubiera sacado de sus recuerdos exactamente lo que trataba de hallar. Entonces sonrió—. Gabriel dijo: «Pensé que ustedes *creían* que había valor en la lucha». Luego dijo algo en cuanto a que «los vientos de la adversidad hinchan las velas del logro».

»Nos desinflamos por sus declaraciones, porque pensamos que estaba haciéndonos comer nuestras palabras. —Lincoln cerró un poco más los ojos y miró expresamente a David—. Pero cuando dijiste: "Esas palabras son algo que uno le dice a alguien a fin de que siga luchando aun cuando todo parezca sin esperanza", eso fue suficiente para el arcángel, y se fue. Gabriel estaba diciéndonos que sigamos luchando, aunque todo parezca sin esperanza.

Lincoln dirigió sus ojos a Franklin y señaló el reloj de arena. —Tienes razón, amigo mío —dijo—. Todavía hay tiempo».

CAPÍTULO 12

Pide silencio y diles lo que está pasando —le dijo David a Franklin—. A ti te escucharán.

—¡Damas y caballeros! —dijo Franklin al instante—. Damas y caballeros, por favor tomen asiento. Hay algo que deben saber.

Rápidamente, la gente pasó a sus asientos. —Damas y caballeros —dijo Franklin por sobre el ruido—, por favor, siéntense en *cualquier* asiento. Simplemente siéntense, por favor. ¡El tiempo vuela!

En la mesa, en donde los ocupantes originales ya llenaban las sillas, Winston ya estaba rezongando con David y Lincoln. —Pues bien, ¿por qué simplemente él no se puso de pie y lo dijo? ¿Por qué no decir: «Compañeros, tenemos un poco de tiempo adicional en el reloj. Aprovechémoslo. Aprovechemos la oportunidad»? ¿Por qué todo el drama?

—Damas y caballeros. —Franklin hablaba otra vez desde el extremo de la mesa, la posición que la mayoría había llegado a pensar como el lugar de Gabriel, y dijo—. Sin tomar tiempo para entrar en detalles y minucias, permítanme ir directamente al grano. Tenemos más tiempo para completar la tarea.

Señaló al reloj de arena. —Como pueden ver, todavía hay arena en la parte superior, aunque ya hemos determinado que su ritmo de caída ha aumentado en algo desde que el arcángel salió del salón. No me pidan que lo explique. Simplemente dediquémonos a la tarea.

Franklin miró por encima de sus anteojos, examinando el salón. —¿Ana? ¿A dónde se fue Ana?

—Aquí, señor —surgió la voz de la muchacha. Tenía la mano levantada, sentada en la segunda hilera.

—Ayúdame, Ana —dijo Franklin—. Por favor, pasa acá.
—Mientras ella se acercaba la mesa, Franklin le dijo a la multitud: —Ya hemos estado en este salón unos con otros y con todos a estas alturas, así que haremos bien en olvidarnos de *esa* regla.

Se volvió a Ana. —Querida, por favor, si no te importa, toma asiento aquí, justo a mi lado. —Extendió su mano y movió el reloj de arena a una posición directamente frente a ella—. Tú tienes la estatura apropiada —dijo—, para monitorear el nivel de arena. Interrumpe cuando quieras, querida niña, pero mantennos informados en cuanto al tiempo que nos queda.

Dirigiéndose de nuevo al público en general, Franklin dijo: —Creo que otra regla que podemos dejar a un lado es el edicto en cuanto a la conversación mezclada. Con el consentimiento del señor Ponder, propongo que permitamos que cualquiera hable durante el tiempo que nos queda. —David expresó su acuerdo con un ademán.

—Por favor... ¡por favor! —dijo Franklin en voz alta puesto que todos empezaron a hablar a la vez—. Debemos hacer esto de manera ordenada. Apurémonos, pero *por favor*, ¡uno a la vez! Luego, señaló: —Presidente Truman.

Truman se puso de pie en la tercera fila detrás de David. —Hay que considerar la responsabilidad. Dicho eso, tomaré asiento para que ustedes sigan desde ese punto.

—Excelente —dijo Franklin; y sacando de su chaqueta artículos para escribir, se volvió a David, dijo: —Señor Ponder, cambiemos de lugar, si te parece. Me propongo anotar las sugerencias a fin de que tengamos una base para el debate. Tú, señor, eres el que preside esta cumbre. Ocupa este lugar, señor.

David pasó al lugar que Gabriel, y después Franklin, habían ocupado. Se le ocurrió quedarse sentado y permitir que alguien, cualquier otro, dirigiera la reunión. Estaba más que desalentado, o colérico, o confundido. David estaba aturdido; pero durante su vida hubo una cosa que las Siete Decisiones se lo habían demostrado vez tras vez... Sabía que la victoria no siempre iba al más ingenioso o al más guapo. Las irrupciones, físicamente, financieramente, emocionalmente, espiritualmente, o de cualquier otra naturaleza, le suceden al que persiste, sin excepción.

Así que aunque desesperadamente quería darse por vencido, y dejar que algún otro dirija, y refundirse en el trasfondo, David enderezó los hombros, respiró hondo, y empezó de nuevo: —¡Está bien! —dijo, obligándose a reírse algo aunque no lo sentía—. Sabemos lo que *no* es la respuesta, y tenemos una mejor comprensión de la cuestión del tiempo, así que diría que estamos en un punto mucho mejor que lo que estábamos hace pocos minutos. —Varios se rieron, y hubo una ronda de aplauso.

—Ana —dijo, indicándole el reloj a la muchacha—, ¿en qué punto estamos?

—No sé el tiempo *exactamente*, por supuesto —anunció ella—, pero la arena sigue cayendo a ritmo continuo.

David le agradeció, y luego levantando los brazos señaló a la multitud con las manos: —¿Ideas? ¿Alguien? ¡Vamos!

Mientras Viajeros por todo el teatro empezaban a ponerse de pie y hablar, David echó un vistazo a Lincoln, quien le dio un asentimiento y una sonrisa de orgullo. Winston alzó y bajó sus cejas y le dio una señal de victoria con los dedos. Era la característica de Churchill: el símbolo de la V por la victoria de su lucha contra los nazis; con ella, había inspirado al mundo.

—Perdón —dijo la madre Teresa, y hubo varios que de inmediato expresaron en voz alta: «¡Secundado!»

—Hablemos de equidad —dijo Eleanor Roosevelt. Varios, igualmente, la respaldaron.

Por todo el teatro, tan rápido como Franklin podía escribir, uno tras otro, se propusieron respuestas: «¡Nunca te des por vencido!», dijo Martín Lutero King.

«¡Secundado! ¡Eso es!», se oyó a sus palabras, de varias voces.

«¡Bondad!», dijo alguien detrás de David.

«¡Tolerancia!», dijo alguien, a lo que siguió casi de inmediato: «¡Un sentido del humor!»

«¡Amor o prudencia!», dijo otro. «¡Anótalas ambas!»

Nunca se detuvieron a debatir nada con gran detalle, y cuando se redujo el paso con que brotaban las ideas, también se redujo el entusiasmo que habían sentido por estar todavía en el juego. De alguna manera, todos los Viajeros parecían saber que sus respuestas eran solamente diferentes versiones de las que ya habían considerado; y que ya habían sido rechazadas.

Varias veces David había mirado a Ana inquiriendo sobre la cantidad de tiempo conque todavía podrían contar, pero la muchachita solo captó su mirada una vez, y fue para encogerse de hombros. Las otras veces que la miró solo revelaron la concentración fija de ella.

Después de una pausa en la que el teatro había quedado en silencio, Franklin alzó la vista de su tarea. A David, le dijo: —¿Es eso todo? ¿Deberíamos debatir estas ahora?

David respondió preguntándole a la asamblea: —¿Tiene alguien algo más que le gustaría presentar? Creo que debemos... —Se detuvo. Sin ninguna advertencia, Ana había alargado el brazo y le había tomado ferozmente del brazo. Mirando hacia abajo, él pudo ver que ella no había quitado la vista del reloj de arena y, de hecho, ella todavía lo estaba mirando.

Ana acercó un poco más su cara al objeto, y tiró de David hacia abajo con ella. Lincoln y Churchill, siendo los que estaban más cerca, también se pusieron de pie y se inclinaron sobre la mesa para ver lo que la doceañera había notado. —Miren —dijo en voz baja mientras señalaba la parte superior del reloj de arena.

Lo que la había asombrado era obvio, y ahora un escalofrío le recorrió a David hasta los huesos. La arena de la parte de arriba había empezado a caer muy rápido por el agujero a la parte baja del artefacto. Por alguna razón que no se atrevieron a detenerse y determinar, la arena, que había estado cayendo a ritmo continuo desde que habían empezado a observarla con atención, ahora había empezado a correr por la apertura como si alguien la hubiera agrandado. —Se acabará en unos cinco minutos a ese ritmo —dijo Winston.

David se volvió al público, la mayoría de los cuales ahora estaban de pie para ver lo que estaba sucediendo. —La arena —dijo con pánico creciente—, al parecer, pues bien, *definitivamente*, ahora está cayendo más rápido. No sé por qué, pero necesitamos figurarnos esto rápidamente. ¿Alguien tiene alguna idea?

Juana se levantó de su silla y fue a ponerse junto a Ana. Puso un brazo sobre el hombro de la muchacha y ambas monitorearon el reloj de arena. Eric, Carver y el rey David se colocaron cerca.

—¿Alguien? —suplicó David de nuevo—. ¿Tiene alguien algo que decir?

—¿Deberíamos llamar a Gabriel? —dijo alguien—. Si preguntáramos...

Ana y Juana interrumpieron, hablando casi juntas alarmadas. —¡Está acelerando! ¡La arena está cayendo más rápido! —dijeron.

—No —musitó David—. Ay, no. —Pero era cierto. Si la arena había estado cayendo rápido antes, ahora caía a toda velocidad de la parte superior del reloj de arena a su parte baja.

Alrededor del reloj de arena, todos los que estaban alrededor de la mesa se habían acercado. Varios de los que estaban en los asientos del teatro también se habían acercado. Todos estaban como paralizados. Se les acababa el tiempo. —De sesenta a noventa segundos, calculo —dijo Franklin.

—Sesenta, de seguro —dijo Winston en voz baja—. Miren. En realidad está cayendo más rápido.

Unos en el teatro se dieron la vuelta como si no pudieran ver, y le pareció muy extraño incluso decirlo, el fin del tiempo.

—Treinta, me imagino —dijo Lincoln suavemente.

Las lágrimas inundaron los ojos de David mientras la arena en la parte superior del reloj empezaba su remolino final antes de vaciarse. *Diez*, pensó David. Estaba atrapado en algún punto entre la furia y la desesperanza. No sabía si maldecir o llorar. *Cinco...*

—¡Haz algo! —gritó una voz—. ¡Haz algo! —Había brotado de la oscuridad del teatro, en algún punto en las filas más allá de la quinta o la sexta. David siguió la pista del sonido y en efecto dio varios pasos hacia donde estaba el ofensor. Su cólera estalló en ese instante. *Después de todo este tiempo*, pensó. *Después de todo este trabajo y alguien tiene las agallas de decirme...*

—¡David! —ladró Lincoln. David supo que había cruzado la línea. Les había mostrado a todos su falta de dominio propio, y ahora el presidente le exigía que se calmara.

Pero eso no fue todo. Cuando David se volvió, sabiendo que todo se había acabado, se encontró con las miradas incrédulas de sus amigos. —¡David!, —dijo Lincoln con voz estupefacta—. ¡Se detuvo!

David frunció la frente. —¿Qué se detuvo? —preguntó.

—La arena —dijo Lincoln, señalando el reloj de arena—. Se detuvo.

Con lentitud, como temiendo moverse, David volvió a la mesa. Benjamín Franklin tenía su cara casi pegada al reloj, examinándolo con toda atención. Puso un dedo encima, como para darle un golpecito, y Winston se la retiró con un manotazo. —No hagas eso —dijo—, ¡no lo toques ni siquiera con la respiración!

Era verdad. Por alguna razón que David no pudo determinar, la arena había dejado de caer. Definitivamente había todavía arena en la parte superior del cristal, pero estaba inmóvil. Incluso el remolino diminuto, seco, todavía estaba intacto.

Eric habló: —En realidad ni siquiera quisiera traer al tapete esta posibilidad —dijo—, pero, ¿hay algo atascado allí?

Nadie lo sabía.

—¿Exactamente cuándo —le preguntó Franklin a Ana y a Juana—, se detuvo la arena?

Las mujeres convinieron. —La arena se detuvo en el instante —dijo Ana—, justo cuando el hombre gritó.

Más personas habían bajado para entonces. Todo el teatro, le pareció a David, estaba aglomerándose alrededor de la mesa para echarle un vistazo al reloj cuya arena había dejado de correr cuando solo quedaban unos pocos segundos.

—¿Qué fue lo que gritó? —preguntó David—. «¡Haz algo!» ¿Acaso no gritó: «Haz algo»? —Las cabezas por todas partes se movieron para asentir, pero nadie tenía ni la menor idea de por qué alguien que gritó en desesperación en un momento crítico se mereciera un indulto, si en verdad eso estaba sucediendo en realidad.

David percibió como que oía movimiento detrás de él y se volvió mientras un hombre decía su nombre. —¿Señor Ponder? —dijo el hombre.

El hombre le pareció familiar, pero David no pudo figurarse por qué o cómo. Era un caballero anciano con pelo gris, casi blanco. Tenía un mostacho largo, enroscado que, aunque estaría fuera de lugar en otra persona, se veía elegante en él. Vestía un traje gris que destacaba el color de su pelo, y alrededor del cuello llevaba una corbata de cordón, negra.

Mientras todos fijaban en él la vista, el hombre dijo: —Haz algo.

Era, obviamente, el mismo hombre que había gritado desde el público y que ahora había pasado hasta la mesa. David sintió la misma ráfaga de cólera que había sentido momentos antes. Sea que el hombre le pareciera familiar o no, este no era el momento para interrumpir, pensó David, y estaba a punto de decirlo, cuando el hombre continuó hablando.

—Nos conocimos en Gettysburg, señor Ponder —dijo el hombre—. Yo soy Josué Chamberlain; y la respuesta, señor, es «Haz algo».

Por un momento, todos continuaron con la vista fija en el recién llegado. La mayoría no reconocía su nombre, pero David sí. La cólera se esfumó de inmediato, y estiró la mano para estrechar la de Chamberlain. —Josué —dijo—. ¡Qué bueno verte! Lamento que no te reconocí. Tú y yo tenemos unos cuantos años más desde la última vez que nos vimos. —Chamberlain soltó una risita cortés.

—Josué —dijo David y señaló al grupo reunido alrededor—. Por favor, explícanos lo que dijiste. Me temo que no entendemos. ¿Es esta... lo que sea que dijiste... en realidad la respuesta?

Chamberlain señaló al reloj de arena. —Eso creo —respondió, aspiró profundamente y empezó—. Se me ocurrió en el último segundo. Yo estaba en la octava fila, en la oscuridad, y cada vez que ustedes tomaban un receso, algo me hostigaba. No fue sino hasta apenas hace un momento que me di cuenta exactamente de qué era.

»Mientras el tiempo se estaba acabando *aquí*, recordé otro momento en mi vida cuando el tiempo se acababa. Fue en Little Round Top, Gettysburg, el 2 de julio de 1863, cuando el enemigo subía por la colina en lo que con toda certeza sería la última vez. Mis hombres, trescientos esa mañana, y a estas alturas reducidos a ochenta, ya habían agotado su munición.

»Mi primer pensamiento fue agazaparnos detrás del muro y esperar. Debo confesar que con toda la charla de heroísmo en cuanto a mí que ha corrido desde ese día, que en *ese* momento no sabía qué hacer. Así que, en efecto, estaba a punto de dar la orden... de no hacer nada.

»En ese mismo instante una voz rugió en mi cabeza. Hasta que llegué acá, siempre consideré la voz como resultado del trauma de la batalla o una imaginación desbocada. Pero la voz gritó las palabras dos veces. —Chamberlain se detuvo abruptamente, pensando fuerte, y añadió—: Sí, la voz gritó las palabras dos veces... justo como yo lo hice hace unos minutos.

»La voz, y ahora sé que fue Gabriel, gritó esa diminuta frase primero acentuando una palabra, y después la otra. *"Haz algo"*, dijo. Luego: *"¡Haz algo!"* Así que eso hice. Saqué mi espada, me paré en la pared, y ordené a mis hombres que atacaran.

»El resto, por supuesto, ya lo sabes. Tú estuviste allí. —Se encogió de hombros—. El enemigo arrojó sus armas y huyó. Teníamos ochenta hombres, y en tres minutos habíamos capturado a cuatrocientos de ellos».

Chamberlain sacudió su cabeza asombrado. —*Ahora* he oído todo lo que se dice en cuanto a lo que sucedió debido a ese ataque en particular. Los historiadores dicen que sin nuestro ataque, el Sur hubiera ganado en Gettysburg. Si el Sur hubiera ganado allí, hubiera ganado la guerra, y todo se hubiera acabado para el fin del verano.

»Los historiadores dicen que si el Sur hubiera ganado, a la larga hubieran habido varios países regados por todo el continente norteamericano; y si ese hubiera sido el caso, cuando Hitler barrió Europa en la década de los 40, no habría habido Estados Unidos de América para ponerse en la brecha. Cuando Hirohito invadió las islas del Pacífico, no hubieran habido un *Unidas* nada, mucho menos un país de suficiente tamaño y suficiente fuerza como para librar dos guerras en dos frentes al mismo tiempo para proteger el resto del mundo».

Chamberlain levantó las cejas y sonrió con humildad. —Y no me des una palmadita en la espalda por nada de eso. Yo estoy tan asombrado como todos. En pastilla, todo lo que acabo de describir sucedió porque, cuando no supe qué hacer, hice *algo*.

Franklin habló. Todavía manteniendo un ojo en el reloj de arena, dijo: —Pues bien, la arena se detuvo cuando dijiste esas palabras. —Todos se miraron unos a otros como para medir la reacción. Franklin dijo—: ¿David?

Mirando a Lincoln, David preguntó: —¿Debemos hablar sobre esto ahora o llamar a Gabriel y discutirlo frente a él?

Lincoln miró el reloj de arena, pensando, y finalmente dijo: —Llamemos al arcángel.

Antes de hacerlo, David informó a los demás y añadió: —Simplemente quédense dónde están, o si quieren unirse con nosotros en el piso, por favor siéntase en libertad de hacerlo. —Sonrió—. ¡Bien pudiéramos romper todas las reglas! De paso —añadió—, si tienen algo más para decir sobre el tema cuando él llegue, háganlo. No dejemos nada sin decir.

Con acuerdo, determinación y expectativa en toda cara que podía ver, David dijo en voz alta: —¡Estoy listo con la respuesta!

Sin demora la puerta se abrió y Gabriel entró. Tenía cara de muy pocos amigos. —¿Qué es esto? —preguntó, deteniéndose frente a David.

—Estamos listos con la respuesta, Gabriel —dijo David de nuevo.

—Tú ya agotaste tus cinco oportunidades, David Ponder.

David alzó el mentón. —Gabriel —dijo—, con gran respeto, te pido que por favor consideres con cuidado lo que te voy a decir. Solamente llevará un momento. —Sin esperar que el arcángel reconozca su petición o diga si va a escuchar o no, David siguió.

—Señor —dijo David—, al principio nos dijiste que debemos luchar con las armas de sabiduría y persuasión. No estoy seguro de cuánta sabiduría tenga yo, pero en este momento —dijo con una sonrisa—, debo echar mano a toda la persuasión de que pueda.

David esperó que Gabriel sonriera en respuesta. No lo hizo.

—Gabriel —dijo David—, nos dijiste que solo tú eres el árbitro para esta cumbre. Como árbitro, puedes decidir si podemos o no presentarte esta respuesta. En un punto antes, te pregunté si había algo que pudiéramos hacer para que la humanidad volviera. Señor, tú contestaste: «Hasta que sea demasiado tarde, nunca es demasiado tarde». David señaló el reloj de arena. —Gabriel —suplicó con convicción—, *todavía no es demasiado tarde.*

Con lo que pareció ser una mínima sonrisa, el arcángel respondió: —Oiré sus argumentaciones, seguidas de la respuesta final. Me reservo el juicio sobre la admisión de algo hasta que hayan terminado. En ese punto *será* demasiado tarde.

—Fabuloso —dijo David tratando de no mostrar el alivio que sintió—. Gracias. Volviéndose a Chamberlain, acicateó: —Josué, ¿por qué no empiezas tú por nosotros.

Adelantándose un poco, Chamberlain empezó: —Gabriel, pienso que cuando uno no sabe qué hacer, uno debe hacer *algo*. En ese momento de pánico o desaliento, uno no puede hacerlo *todo*, pero sí puede hacer algo. ¿Acaso el *hacer algo* cambiará el mundo? Pienso que eso es lo que quisiste decir cuando dijiste: «Es lo único que jamás lo ha hecho». Chamberlain retrocedió.

Lincoln levantó la mano y dijo: —Después de la guerra, la economía de nuestra nación estaba en ruinas. Parecía que toda una cuarta parte de la población estaba sin trabajo. Nadie, Gabriel, sabía qué hacer. La mayoría, por supuesto, se quejaba de la situación, de la guerra, y de mí. En efecto, vi que ellos se quejaban del presente, del pasado, y de una persona a quien no conocían, y que les parecía que tenía en sus manos las perspectivas de trabajo para ellos.

»Una tarde, mientras caminaba por Washington... —Lincoln se volvió a uno de los más recientes presidentes de Estados Unidos, que estaba parado cerca, y añadió—. Algunos de nosotros solíamos hacer eso, como sabes. —Hubo varias risitas entre el público. Viendo que no había respuesta de Gabriel, Lincoln continuó—. Así que allí estaba yo, caminando con María, cuando se nos acercaron varios hombres.

»Estos hombres estaban, según dijeron, desesperados buscando trabajo. No tenían trabajo, dijeron. Me dijeron que lo habían tratado todo. Les pregunté qué hacían cuando no estaban buscando trabajo. Un hombre me dijo que se quedaba en casa cuando no está buscando trabajo. Varios dijeron que lo que hacían era encender una fogata en un lote vacante y sentarse alrededor del fuego. Dos confesaron que estaban tan deprimidos que ya habían dejado de buscar trabajo».

Lincoln frunció el ceño por un momento, y luego abriendo los ojos ampliamente dijo: —No supe qué decirles, y no sabía qué hacer, pero esto fue lo que les dije: «Hombres», les dije, «simplemente no pueden quedarse sentados desperdiciando el tiempo que *no usan*. Continúen buscando trabajo, en el tiempo que les queda, hagan algo. *Cualquier cosa*».

»Les dije: "El desafío que se les nota en los ojos es que se han olvidado de su valor como seres humanos. Se han olvidado del valor que el Todopoderoso les impartió al crearlos. Entonces ¿cuál es su valor?" Señalé a uno: "Tú", le dije, "¿puedes leer?" Y señaló que sí. "Pues que encuentres a alguien que no lo puede hacer, y que leas a esa persona. Lee a los ciegos, a los ancianos, a los analfabetos. ¡Haz algo!"

»A otro le dije: "Tú te ves muy fuerte. ¿Puedes acarrear cosas?" "Sí", respondió. "Entonces busca quienes necesiten que les acarreen cosas, ¡y hazlo! Hombres, escuchen con atención", dije: "No estoy sugiriendo que busquen a alguien que necesite que alguien desyerbe su jardín y le pregunten si pueden desyerbarlo por un dólar. ¡No! Lo que estoy diciendo es que vayan a sus comunidades, busquen hierbas que haya que sacar... ¡y sáquenlas!

»"Estoy convencido de que ustedes, hombres, verán que cosas asombrosas suceden en sus vidas. Al *hacer* algo, renovarán su creencia en ustedes mismos. Recordarán de nuevo el valor que realmente tienen como seres humanos. Y sucederá otra cosa, incluso más importante. *Otros* empezarán a ver el valor de ustedes. Ya no seguirán siendo la persona desesperada, la persona triste, el desempleado.

»"Conforme la gente los observa, y siempre lo hacen, empezarán a decir: '¿No han notado que fulano siempre está leyendo para otros? ¿Han visto al hombre que siempre acarrea cosas por otros? ¿Han notado al muchacho que siempre está arreglando cosas para otros, y que siempre está ayudando?' Hombres, les digo ahora que mientras otros observan, empezarán a poner valor en ustedes como nunca antes".

»Con un guiño les dije: "Y, ustedes saben lo que le sucede a la gente de valor, ¿verdad? Tienen oportunidades; consiguen ayuda; reciben ofertas de trabajo. ¿Por qué? *Porque hicieron algo cuando no sabían qué hacer*"».

Lincoln terminó diciendo: —Les seguí la pista a aquellos hombres, y a todos les fue bien con el concepto. Tres de ellos, curiosamente, se las arreglaron para hallar una manera de trabajar gratis para las empresas que querían que los empleen. Se figuraron que si demostraban que eran valiosos, cuando surgiera un empleo, la empresa no buscaría afuera para emplear. Se figuraron, correctamente, como resultó, que la empresa los emplearía a ellos, porque ellos habían demostrado su valor; al hacer *algo*.

Antes de que Gabriel pudiera respirar, Franklin habló. —Desde nuestra posición ventajosa hemos observado a la humanidad preocupados ya por algún tiempo. La humanidad se ha dividido. Eso es obvio. La humanidad ahora está dividida cultural, racial, religiosa, financiera y políticamente.

»Hubo un tiempo, en un pasado no muy distante, cuando los dirigentes de la humanidad discutirían puntos y filosofías, y luego se retirarían para cenar juntos, riéndose y preguntando por el bienestar de la familia del otro. Esto ya no sucede.

»Me parece —dijo Franklin mientras miraba alrededor a los demás—, que las personas se han retirado de sus porches al frente solo para edificar fortalezas que encierran puntos singulares de vista. Así que, ¿cuál pudiera ser el remedio para este reto en particular? Pienso que el remedio pudiera ser lo que el presidente Lincoln les propuso a esos hombres.

»De alguna manera, cuando trabajamos lado a lado, las diferencias no parecen tan distintas. El rico y el desvalido se conocen. Cada uno adquiere un nuevo respeto por la posición del otro. La ayuda y las ideas empiezan a fluir en ambos sentidos».

Winston intervino. —«Rojo y amarillo, negro y blanco», como dice el canto, «todos son preciosos a su vista». Si eso es cierto, y por supuesto tú y yo ahora sabemos que lo es, ¡entonces la humanidad debería condenadamente ponerlo en práctica!

»Partido conservador y laborista, republicanos y demócratas... Franklin tiene razón. Se han dividido. Ya no es cuestión del país; todo es cuestión de ellos mismos. Y la única cura es que la humanidad se interese de nuevo; que salgan de sus casas, y salgan de sus vidas encerradas en cercas. Es tiempo de *hacer algo*».

—Siempre habrá quienes —dijo en voz alta Teddy Roosevelt—, que siempre se lamentan y se quejan en cuanto al punto en que están. Yo digo: «¡Haz lo que puedas, con lo que tienes, donde estás!» La humanidad debe recordar. *¡Casi todo* surge de *casi nada!* Haz algo, digo, y hazlo ahora.

—«Hazlo ahora, ¡tiene razón!» —gritó una voz femenina. Era Wilma Rudolph, la estrella olímpica que había vencido la poliomielitis infantil, el sarampión, la tosferina y la fiebre escarlata para llegar a ser una de las más grandes atletas del siglo veinte.

—El éxito empieza —dijo—, en el momento en que entendemos que el éxito no es otra cosa que cuestión de empezar. ¡Haz algo ahora!

Tomás Jefferson dijo: —La cuestión que toda persona debe resolver no es lo que *pudiera* hacer si tuviera el dinero, la influencia o la educación, sino «¿Qué es lo que una persona va a hacer con lo que *tiene*?» Desalentarse por lo que uno no tiene es desperdiciar lo que *sí* se tiene. —Jefferson miró a Juan Adams y a Jorge Washington, que estaban parados junto a él—. Creemos —le dijo a Gabriel—, que esto es por fin, señor, la respuesta: «Haz algo».

Finalmente, el teatro volvió a quedar en silencio. Todos contemplaban al ángel tratando de ver alguna reacción, pero no hubo nada. David dijo: —La pregunta es: ¿Qué tiene que hacer la humanidad, individual y colectivamente, para volver a colocarse en la senda hacia la civilización exitosa? La respuesta a la que hemos llegado, señor, contiene como un todo, toda otra virtud que hemos discutido previamente.

»¿Que tiene que hacer la humanidad? Algo. La respuesta, Gabriel, es «Hacer algo».

Gabriel fijó la vista profundamente en los ojos de David. Finalmente dijo: —¿Sería posible que pongan esta respuesta en forma de una declaración?

—Sí —replicó David con calma—. Ciertamente que podemos.

—Háganlo—, dijo el arcángel, y de nuevo salió sin decir otra palabra.

———◆·◆———

Cuando Gabriel hubo salido y la puerta se cerró, todos cerraron filas. —Yo tengo material para escribir —anunció Franklin, exhibiendo papel y pluma.

—¿Fue eso un sí o un no? —preguntó Eric—. ¿Correcto o incorrecto?

—Eso fue un «háganlo» —replicó Winston—. Así que, al grano; o, como hemos estado proclamándolo, ¡vamos a hacer *algo*!

Después de trabajar por más de una hora, el grupo tenía un borrador aceptable. Lo leían en voz alta, y volvían a trabajar. Por fin, después de otros tres borradores, se sintieron satisfechos con lo que pensaban que resumía bien la filosofía. —Este será un documento —dijo Lincoln—, que la humanidad, individual y colectivamente, podrá leer vez tras vez. Es decir a nuestro verdadero legado en la tierra: la sabiduría compilada en un solo pensamiento: «Haz algo».

Llamaron de nuevo a Gabriel al teatro, y a su regreso, el arcángel simplemente pidió oír lo que habían escrito. David lo leyó para todos.

UNA DECLARACIÓN PERSONAL

Sabiendo que todos los que han «llegado» tiene que empezar donde están, escojo empezar ahora. En este momento, haré algo.

Por demasiado tiempo he permitido que pensamientos de miedo dominen mi vida. Ahora reconozco el miedo como un uso errado de la imaginación creativa que fue puesta en mí. En el pasado he permitido que el temor margine toda esperanza. ¡No más! El temor ya no tiene poder alguno para impedirme que haga lo que sé que es correcto y verdadero. Ya no tengo miedo. Soy valiente. Ahora mismo, haré algo.

Quien no enfrenta adversidad no adquiere fuerza. Aunque no busco adversidad, estoy agradecido por sus resultados, porque he crecido poderosamente en terreno mezclado con problemas. Mis raíces ahora son profundas. Mi mente y mi corazón se han vuelto poderosos. Una flor hermosa no puede producirse sin abono. Una gema deslumbrante no puede pulirse sin gran fricción. He aprovechado el fertilizante y la fricción y soy mejor debido a ellos. Ahora es tiempo de que haga algo.

No puedo hacerlo todo, pero sí puedo hacer algo; y puedo hacer algo ahora mismo. Nunca más voy a permitir que lo que no puedo hacer interfiera con lo que sí puedo hacer. Las circunstancias dominan a los débiles. Yo no soy débil. Ni el desaliento ni la desesperanza me impedirán que haga algo y voy a hacerlo ahora mismo. Tengo una mente firme. Puedo obligarme a hacer algo que preferiría no hacer, a fin de obtener un resultado que sí quiero. Haré algo; y lo haré ahora mismo.

Mi vida, que en un tiempo era un signo de interrogación, ahora es un enunciado. Los mares tormentosos no me asustan, porque yo soy la calma en la tempestad. Mi pasado está detrás de mí, y mi futuro es brillante porque ahora sé el secreto del presente. Voy a hacer algo, y lo haré ahora mismo.

Hoy mismo haré algo por mi familia. Hoy mismo haré algo por mis amigos. Hoy mismo haré algo por aquellos que ni siquiera saben mi nombre; porque mi familia, mis amigos y los extraños del mundo son valiosos a los ojos de mi Creador. Por mis acciones les haré saber que reconozco ese hecho. Ahora sé que mi sonrisa, mis palabras y mis actitudes son acciones. Están bajo mi control. Estoy preparado para correr mi carrera. Estoy listo para llegar al blanco. Ahora voy a hacer mi parte para hacer que la humanidad vuelva a colocarse en la senda hacia la civilización exitosa.

Voy a hacer algo; y lo voy hacer ahora mismo.

Cuando David terminó, tomó el pergamino y lo dobló una vez, y luego otra vez. Presentándoselo al arcángel, dijo: —La respuesta, Gabriel, es «Haz algo».

Gabriel alzó sus manos, con las palmas hacia David. Negándose a recibir el pergamino, dijo: —No me lo des a mí, David Ponder. Esto es para la humanidad. Tu respuesta es correcta.

EPÍLOGO

Estás en casa, David Ponder —dijo Gabriel.

David abrió los ojos y vio que, en verdad, estaba de nuevo en su escritorio en Dallas, en la oficina en el piso superior. Tomando una jarra que siempre estaba allí, le ofreció agua a Gabriel, quien rehusó, y entonces llenó un vaso para sí mismo. Cuando bebió profundamente y trató de superar el mareo que le produjo su regreso, la mente de David corría frenética. *¿Cuándo nos fuimos? ¿Cuánto tiempo ha pasado? ¿Pasó esto en realidad?*

Por supuesto, con un arcángel delante suyo, esa era una pregunta fácil de contestar.

—Te llevé durante la celebración —dijo Gabriel, como si le leyera el pensamiento—. Lo hiciste extraordinariamente bien, David Ponder.

—Gracias, Gabriel —respondió David—. Tú fuiste, en momentos, un guía duro.

—¿Cómo lo dirían ustedes? —preguntó el arcángel con una sonrisa—. «Los vientos de la adversidad hinchan las velas del logro»? Ese es un dicho, David Ponder. Un adagio. Una perogrullada. Es simplemente algo que uno le dice a alguien a fin de que siga luchando aun cuando las cosas parecen sin esperanza. —David se rio y por primera vez vio que Gabriel hacía lo mismo.

—¡Fiu! —dijo David—. Todavía estoy mareado. —Buscando un panel en su bolsillo, más bien sacó una bola de papel. Echándola al cesto de la basura, David buscó su pañuelo en el otro bolsillo.

Gabriel frunció el ceño. —¿Qué fue eso, David Ponder? —preguntó—. ¿Qué es lo que acabas de echar a la basura?

David estaba tan cansado que tuvo que pensar por un minuto
para recordar de qué estaba hablando el arcángel. Miró al cesto
de la basura. —Ah —dijo— no lo sé. Simplemente basura que
cayó en el piso del teatro. Ana lo recogió. No había latas de
basura allí, así que lo puse en mi bolsillo.

—¿Qué es? —preguntó de nuevo el arcángel.

—Pues bien, Gabriel —dijo David, tratando de impedir que
su voz revelara su impaciencia—, te dije que no lo sé. —Alargó la
mano al cesto de basura. Recuperando la bola de papel, rápidamente la desdobló y miró. —Simplemente números —dijo, y se
lo entregó a Gabriel—. Parece como una pesadilla de un profesor
de matemáticas.

El arcángel le echó un vistazo y sacudió su cabeza irritado.
Continuó leyendo la página y sacudió de nuevo su cabeza con
movimientos más rápidos. Cuando hizo girar sus ojos, David dijo:
—Está bien. Ahora es mi turno. ¿Qué es eso?

—Esto se queda conmigo —dijo Gabriel y lo metió en su traje.

—¿De qué se trata esto? —dijo David con voz firme—. Tú
tuviste que preguntármelo dos veces, así que yo también tengo
que preguntártelo dos veces. ¿Qué es eso?

El arcángel sacó la página de nuevo de su vestido y la abrió.
Extendiéndola a David como si fuera una rama seca, dijo: —Ese
Alberto. Casi todos obedecen las reglas, excepto Alberto. Tengo que
hablar con él por lo menos una vez por semana. Esto es de Alberto.

David extendió tres dedos. —Tres veces, amigo —dijo—.
¿Qué es esto?

—Viaje por el tiempo —dijo Gabriel sencillamente—.
Nosotros siempre hemos podido hacerlo, por supuesto, pero
Alberto se acercó tanto a la fórmula mientras estaba en la tierra
que no ha podido dejarla tranquila.

—¿Es eso? —dijo David con una sonrisa—. ¿Lo logró
correctamente?

186

Gabriel asintió con la cabeza y cerró un poco los ojos. —Pero nunca se lo diré —dijo con una sonrisa. David se rió de nuevo.

—Adiós, David Ponder. Te veré otra vez —dijo Gabriel.

David se puso de pie. —Adiós, Gabriel. Gracias... por todo.

—¿Tienes la declaración? —preguntó Gabriel y observó mientras David palpaba el bolsillo de su chaqueta y asentía. Con esa seguridad, el arcángel lentamente extendió sus alas, arqueándolas hacia arriba para el poderoso impulso que lo elevaría.

David retrocedió. Fue en ese momento que Gabriel hizo una pausa. Mirando el estuche de tabaco y los otros artículos sobre el escritorio de David, se tranquilizó un poco, aunque sus alas todavía estaban por sobre su cabeza. —¿Por qué guardas esas cosas, David Ponder? —preguntó—. ¿No sabes ya las Siete Decisiones?

—Sí, las sé —dijo David—. Pero las guardo todas en el estuche, y de vez en cuando las saco para tocarlas, para palparlas. —Señaló los artículos con la mano—. Me animan cuando estoy alicaído. Me hacen recordar que siempre debo depender de la verdad. —David sonrió—. Y me demuestran todos los días que esto en realidad sucedió.

El arcángel devolvió la sonrisa. Luego, después de un momento de vacilación, se arrancó una hermosa pluma blanca de debajo de sus alas. El profundo oro de la punta brilló mientras la sostuvo para que se vea. —Sí, David Ponder —dijo Gabriel mientras colocaba la pluma sobre el estuche de tabaco—, *esto en realidad sucedió.*

Y con un impulso de sus alas y un resplandor de luz, se fue.

Nota del autor

E sperando añadir a su experiencia y satisfacción con este
libro, quería ofrecer algo más de información. Lo que sigue
debe responder a por lo menos dos de las preguntas que
pueden haber aflorado en la periferia de su imaginación mientras
se desarrollaba la experiencia de David Ponder.

Primero, es cierto que yo soy responsable por la mayor parte
de las palabras dichas por los personajes históricos. Unas pocas
de esas palabras, sin embargo, son citas directas de ese personaje
que yo meramente puse en el contexto de la consideración. Por
ejemplo, Winston Churchill en realidad se refería a su depresión
como «la perra negra». Y aunque la mayor parte de su conversación sobre el tema fue producida para el lector, el párrafo en
cuanto a que él no se ponía cerca del borde de la plataforma en
una estación de tren y que evitaba el pasamanos de un barco es
todo suyo. Winston Churchill dijo precisamente esas palabras.

Aunque las conversaciones entre los participantes de la cumbre obviamente son producto de la imaginación, la información
de trasfondo en cuanto a cada personaje es, sin excepción, absolutamente verdad. Y sí, eso incluye los hechos en cuanto a la vida
de Eric Erickson.

¡Me pregunto si usted quedó tan estupefacto leyendo en
cuanto a Erickson como yo cuando descubrí la experiencia de
este hombre increíble! Todo momento que describo en este libro
en realidad sucedió, y de nuevo, tal como dije cuando escribí *El
descanso*, constantemente me preguntaba: «¿Por qué esto no está
en los libros de historia? ¿Cómo es posible que nadie haya oído
estos relatos?»

La experiencia de Eric y de su esposa Ingrid fue, sin duda
alguna, la investigación más frustrante que jamás he hecho sobre

un personaje de quien casi no hay información en un solo lugar. A él se lo menciona aquí y allá en antiguas transcripciones y en los registros tanto de los Aliados como de Alemania nazi. Y, de nuevo, para que conste, el presidente Eisenhower y Albert Speer *en realidad* dijeron que Eric fue responsable por ponerle fin a la guerra.

El hecho gigantescamente interesante que por alguna razón escogí no incluir en este libro fue en realidad lo más cerca que Eric jamás se encontró para que lo atraparan. Resultó que una noche mientras estaba en Alemania, Eric se encontró con un viejo conocido que él pensaba que había muerto mucho tiempo atrás. El hombre sospechó de la presencia de Eric en Alemania al momento y lo interrogó exhaustivamente. A medio camino en la conversación, el hombre de repente empezó a actuar amigablemente como si creyera todo lo que estaba oyendo.

Sin confiar en el súbito cambio de corazón que había observado, al separarse, Eric volvió sobre sus pasos y siguió a su interrogador. Con certeza, el hombre se detuvo en el primer teléfono monedero que vio y empezó a informarle a la Gestapo que había un traidor en su medio. Antes de que el hombre pudiera pronunciar su nombre, Eric lo arrastró de la caseta telefónica a un callejón. Allí, con una navaja de bolsillo, Eric mató a la única persona que jamás sospechó de sus verdaderas intenciones.

Andy Andrews
Orange Beach, Alabama

RECONOCIMIENTOS

C uento con la bendición de estar rodeado de amigos y familia que se han convertido en un equipo del cual me entusiasma formar parte. Si alguna vez se me percibe como una persona que toma buenas e informadas decisiones, se debe solo a que me apoyo en el sabio consejo de estas personas. Gracias a todos por su presencia en mi vida.

A Polly, mi esposa y mejor amiga: Gracias por tu amor, ingenio, paciencia y espíritu feliz.

A Austin y Adam, nuestros muchachos: Ustedes son los mejores. Estoy muy orgulloso de lo que están llegando a ser. ¡Recuerden sonreír cuando hablan!

A Robert D. Smith, mi gerente personal y campeón: Después de treinta años juntos, todavía me asombras todos los días. Y no soy solo yo; ¡todos piensan que eres el mejor!

A Todd Rainsberger: Aprecio siempre tu consejo en forma de «historias». ¡Es divertido!

A Scott Jeffrey: Tú eres el Bear Bryant de los «entrenadores de la vida».

A Duane Ward y a todo el increíble grupo de Premiere Speakers Bureau: Ustedes no son simplemente grandes socios; son amigos.

A Gail y Mike Hyatt, que dieron vida a mi carrera como autor: Es mi honor llamarlos amigos.

A Jennifer Stair, mi editora, cuyo ojo cuidadoso y mente alerta hicieron que este libro sea mucho mejor: Aprecio mucho tu tacto tranquilo y gran humor. A las docenas de personas en la editorial Tomás Nelson que tocaron este libro mediante el mercadeo y ventas.

A Matt Baugher, mi publicador en Thomas Nelson: Gracias por tu dirección sabia y estímulo. Además de ser el mejor en lo que haces, has llegado a ser un gran amigo y definitivamente hiciste «esto de ser autor» mucho más divertido.

A Kurt V. Beasley y Brent C. Gray, que atienden todos los derechos legales a toda mi propiedad intelectual.

A Sandi Dorff, Paula Tebbe y Susie White, que dirigen las partes diarias de mi vida: Sin el esfuerzo, oración y atención al detalle de ustedes tres, mis propios esfuerzos ni siquiera se acercarían a lograr lo que logran.

A Nicholas Francis, Denny Swindle y Zachary Smith: Gracias por su dominio de la web y simplemente hacer que la Internet funcione. A Jared McDaniel y Kevin Burr: Gracias por su sentido del humor e increíble capacidad artística, tanto en forma impresa como en la web.

A Nate Bailey: Muchas gracias por tus destrezas organizacionales, la manera feliz de hacer las cosas, y tu actitud de «nunca decir muerte». A Paul «Saul» Fries, Matt Lempert, Ben Mills, David Loy y Will Hoekenga por su asombroso trabajo tras bastidores en la oficina de Nashville. A Melinda and Christian Leake y Peggy Hoekenga por desarrollar fantásticos programas de estudio para este libro y todos los demás.

A Mary Graham y todos mis compañeros en la gira de Mujeres de Fe: ¡Gracias por su risa y estímulo!

A los autores Gloria Gaither, Jack Higgens, Andy Stanley y otros demasiado numerosos para mencionar: La influencia de ustedes en mi estilo probablemente es evidente, pero de todas maneras quería agradecérselos.

A Paul Krupin y George y Margaret Uribe por su capacidad diestra de llevar la palabra a las masas. A Greg y Sara Travis por su capacidad sin igual de comunicar historias mediante video.

Gracias especiales a Shannon y John D. Smith por el uso de su chalet amarillo. ¡Fue el lugar perfecto para escribir!

Gracias a Tammy y Bo Cross por el uso de su asombrosa casa de playa durante las dos semanas en que el chalet Smith no estuvo disponible

A Katrina y Jerry Anderson; Vicki y Brian Bakken; Erik Born; Don Brindley; Sunny Brownlee; Foncie y Joe Bullard; Brent y Pam Burns; Bailey Callaway; Myrth y Cliff Callaway; Kayla Carver; Jennifer R. Casebier; Julie y Doug Cassens; Gloria y Bill Gaither; Lillian y Edward Gilley; Gloria y Martín González; Greta y Greg Good; Bill Gothard; Lynn y Mike Jakubik; Kent Kirby; Deb y Gilbert Little; Nancy López; Mark Lowry; Melanie y Mike Martin; Karen y Alan McBride; Liz y Bob McEwen; Edna McLoyd; Mary y Jim Pace; Glenda y Kevin Perkins; Brenda y Todd Rainsberger; Sharon y Dave Ramsey; Becky y Ted Romano; Barbara Selvey; Claudia y Pat Simpson; Shannon y John D. Smith; Jean y Sandy Stimpson; Dr. Christopher Surek; Marla y Dan Toigo; Maryann y Jerry Tyler; Wade, Pat, Joey, y Elizabeth Ward; Mary Ann y Dave Winck; Kristi y Steve Woods; Kathy y Mike Wooley; y Sherry y Richard Wright: La influencia de ustedes en mi vida es innegable, y aprecio mucho su ejemplo.

Guía del lector

Capítulo 1

1. Haga una lista de las Siete Decisiones. ¿Cuál de estas Siete Decisiones es la más difícil de aplicar a su vida? ¿Cuál de estas Siete Decisiones es la más fácil de implementar? Explique su respuesta.

2. Mirando hacia atrás a su vida, mencione un incidente en particular que usted lamente. De las Siete Decisiones mencionadas arriba, ¿cuál pudiera haberle ayudado más en esa situación? ¿De qué manera el buscar sabiduría podría ayudarle en este tipo de situaciones?

3. «La adversidad es preparación para la grandeza». ¿Qué significa esto para usted, y pues cómo puede aplicarlo en su vida?

Capítulo 2

1. ¿Cómo sería vivir «en la verdad» todos los días? ¿Haría esto su vida más difícil o más fácil? Explique su respuesta.

2. En su propia vida, ¿tiene recuerdos para los cuales usted ha reescrito la historia para hacerla más «tragable»? Si es así, a su

modo de pensar ¿por qué lo ha hecho? ¿Funcionó eso a su favor o en contra suya a la larga?

3. ¿Alguna vez se aleja de la verdad real para re-crear su propia versión de la verdad? Si es así, ¿alguna vez le ayuda eso para el futuro?

4. ¿Alguna vez alguien le ha encargado una responsabilidad al parecer abrumadora que usted no pensaba ser capaz de atenderla? ¿Lo intentó? Si es así, ¿fue usted más capaz de lo que originalmente había vislumbrado?

5. ¿Por qué se consideró a David el ejemplo perfecto de la raza humana un «hombre común»? Mencione tres razones por las que David fue escogido como líder.

6. ¿Alguna vez usa sus «fracasos» personales para promover su propia «causa de sabiduría»?

Capítulo 3

1. Hasta hoy, ¿ha experimentado usted un «intermedio» en su vida? Si es así, reflexione sobre esa experiencia. ¿Qué le llevó a ese intermedio? ¿Qué pasos dio para avanzar más allá del intermedio y al segundo acto?

2. Al reflexionar en la pregunta que antecede, ¿por qué la perspectiva es un ingrediente tan importante para avanzar al segundo acto?

3. ¿Tiene usted un «recuerdo de éxito» que pudiera impulsarlo y estimularlo a un nivel mayor de éxito en el futuro?

4. ¿Alguna vez ha experimentado el «estímulo del éxito» y no ha salido del valle? ¿Qué le impide avanzar? ¿Qué obstáculos le impiden triunfar?

Capítulo 4

1. A fin de empezar un segundo acto, ¿cuál sería su nueva dirección? ¿Cómo puede empezar hoy ese nuevo curso?

2. ¿De qué manera ha cambiado su definición del éxito después de leer este libro? ¿De qué manera esta nueva definición contribuye a su éxito?

3. ¿Es tener éxito lo mismo que tener una vida exitosa?

4. ¿Qué quería Churchill decir con la expresión «principio de la senda»?

5. En el pasado ¿tomó usted decisiones de tener una vida de éxito o una vida exitosa? ¿Cuál es más importante y por qué?

Capítulo 5

1. ¿Puede usted recordar una ocasión cuando vivió sin esperanza? ¿De qué manera afectó esto su vida? ¿Cómo restauró su esperanza?

2. ¿Qué significa para usted la palabra *esperanza*? ¿Es la esperanza más importante para usted después de leer este libro? ¿Por qué sí o por qué no?

3. ¿Qué dijo Juana que era la prueba de la esperanza? ¿Está usted de acuerdo?

Capítulo 6

1. Antes de leer *La cumbre final*, ¿cuál era su definición de sabiduría? ¿Cómo ha cambiado esa definición?

2. ¿De qué manera la sabiduría difiere del conocimiento? ¿Ha habido alguna ocasión en su vida cuando usted se equivocó tomando el conocimiento por sabiduría?

3. ¿Cómo ha adquirido sabiduría? ¿Ha sido por imitación, como sugirieron los Viajeros? ¿Concuerda con David en que la imitación es «la manera más fácil de adquirir sabiduría»?

4. ¿Cómo puede aplicar sabiduría en su vida? ¿De qué manera le ha conducido esto a una vida de éxito?

Capítulo 7

1. ¿De qué manera Eric Erickson definió el valor? ¿Piensa usted que esta definición puede hacer más fácil ser valiente?

2. ¿Piensa usted que tiene el «poder» para lograr lo que sea que desea? ¿De qué manera la falta de valentía se interpone en su camino?

3. ¿Qué ha hecho más impacto en su vida: la valentía o la cobardía? Explique su respuesta.

4. ¿Concuerda usted con Juana en que la valentía física es más común que la valentía moral? ¿Por qué es esto así, o no lo es? ¿Cómo define usted la valentía moral?

Capítulo 8

1. ¿Qué piensa usted que Gabriel quiso decir cuando dijo que los seres humanos son egotistas? Explique su respuesta.

2. De acuerdo a Gabriel, ¿por qué la civilización actual está en peligro? ¿Concuerda usted en que estas razones pueden destruir una civilización?

3. ¿Alguna vez se apoya usted en la idea de la casualidad? ¿Es apoyarse en esta idea algo bueno o malo? ¿Por qué sí o por qué no?

4. ¿Qué dijo Gabriel que la casualidad le ha hecho a la humanidad?

Capítulo 9

1. ¿Qué quería Churchill decir con la expresión «la perra negra»? ¿Cómo se ve su «perra negra»? ¿Concuerda usted en que siempre está cerca?

2. De acuerdo a Churchill, ¿cómo puede uno obtener una respuesta? ¿Que presentó el rey David como respuesta?

3. ¿Por qué el rey David practicaba la autodisciplina? ¿De qué manera la autodisciplina le ayuda a recordar lo que realmente quiere en la vida?

4. ¿Qué asunto dijo el rey David que «impulsa a una persona» a la autodisciplina? ¿Concuerda usted en que la autodisciplina ayuda a lograr mejores recompensas? ¿Por qué sí o por qué no?

5. ¿Cuál es la mejor evidencia del poder de la autodisciplina, según el rey David? ¿Hay cosas que usted no hace debido a la falta de autodisciplina?

6. ¿Cómo respondería a la pregunta: «¿Qué quiere usted realmente?»

7. ¿Se relaciona el sacrificio de uno mismo con la autodisciplina? Si es así, ¿cómo?

Capítulo 10

1. ¿Qué dijo Jorge Washington Carver que determina la grandeza?

2. ¿Concuerda usted con Juana cuando dijo: «El carácter es algo de lo que nosotros solos somos responsables de desarrollar»? ¿Cómo formamos carácter? ¿Cómo describiría usted su carácter?

3. ¿Cuáles fueron las definiciones que dio Lincoln de *reputación* y *carácter*? ¿Cómo se determina el carácter, y cómo se desarrolla?

4. El rey David dijo: «Nada muestra más el carácter de una persona que sus hábitos». ¿Cuáles son sus hábitos, y qué clase de carácter muestran ellos?

Capítulo 11

1. ¿Por qué es importante el reloj de arena? ¿De qué maneras el comportarse sabiamente versus insensatamente afecta al «reloj de arena»? ¿Cuál fue el punto principal de Gabriel?

2. ¿Ponen la adversidad y los sentimientos de desesperanza «viento en sus velas»? Si no, ¿qué debe hacer para pensar de esta manera?

3. ¿Piensa usted que usted importa tanto como la persona a su lado para hacer más «tiempo» para la humanidad? ¿Por qué sí o por qué no?

Capítulo 12

1. ¿Qué hizo que la arena del reloj se detuviera?

2. ¿Es más fácil para usted quedarse ocioso y desperdiciar el tiempo que no ha usado cuando le azota la adversidad? ¿Por qué?

3. ¿Alguna vez se ha olvidado del valor que tiene como ser humano? ¿Qué valores piensa usted que poseen los seres humanos? ¿Cree usted que todos los seres humanos tienen valor igual en este mundo?

4. ¿Alguna vez ha encerrado su propia vida en una cerca? ¿Qué podría hacer para mostrarles a otros su valor? ¿Qué pudiera estar haciendo «ahora mismo»?

5. ¿Podría usted estampar su firma en la «declaración personal»?

6. ¿Cuál fue la respuesta final?

La experiencia de *La cumbre final* no tiene que terminar.

¿Inspirado y listo para hacer algo?
Empiece aquí.

Abra un video exclusivo de Andy relatando nociones nunca antes oídas detrás de los relatos que acaba de leer. *Más...*

Maestros y clubes de libros: Obtenga su currículo compañero gratis.

www.TheFinalSummit.com/unlock
(disponible en inglés solamente)

Contacte a Andy

Para contratar a Andy para eventos corporativos, llame al
(800) 726-ANDY (2639)

Para más información, visite
www.AndyAndrews.com
www.facebook.com/AndyAndrewsAuthor
www.twitter.com/AndyAndrews

Acerca del autor

Elogiado por un reportero del *New York Times* como «alguien que calladamente ha llegado a ser una de las personas más influyentes en Estados Unidos de América», ANDY ANDREWS es autor de *La maleta* y *El regalo del viajero*, ambos éxitos de librería según el *New York Times*, y es también conferencista buscado de las organizaciones más grandes del mundo. Zig Ziglar dice: «Andy Andrews es el mejor conferencista que jamás he oído». *El regalo del viajero* y *La maleta* fueron selecciones destacadas de *Good Morning America*, de la cadena ABC, han sido traducidos a unos veinte idiomas, y continúan apareciendo en la lista de libros de mayor venta en el mundo. Andy ha hablado a petición de cuatro presidentes diferentes de Estados Unidos de América, y hecho una gira por bases militares de todo el mundo, contratado por el Departamento de Defensa para hablar sobre los principios contenidos en sus libros. Discutiblemente, no hay una sola persona en el planeta mejor para entretejer lecciones sutiles y sin embargo que cambian la vida en relatos cautivantes de aventura e intriga; tanto en papel como en el escenario. Vive en Orange Beach, Alabama, con su esposa, Polly, y sus dos hijos.

Para más información, visite www.AndyAndrews.com.

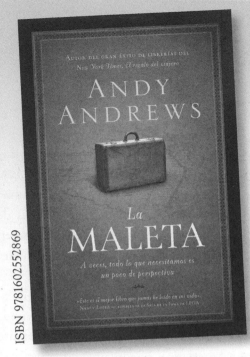

ISBN 9781602552869

LA
MALETA

A veces todo lo que necesitamos es un poco de perspectiva

«Aunque esta poderosa historia lidia con las preguntas más importantes de la vida, es todo un placer leerla. ¡La maleta ha sido creado con suma destreza y está lleno de esperanza!»

GLORIA GONZALES,
CREADORA DE THE NUTRITION REVOLUTION

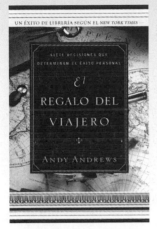
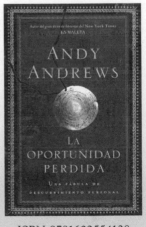